AF308927

# AUX ÉLECTEURS.

Plus d'impôts sur les boissons, ni sur les portes et fenêtres ;

Plus de patentes ;

Plus d'octrois ;

Plus de contribution foncière ;

Impôt progressif sur le revenu ;

Droit au travail et droit de propriété ;

La Religion et la Famille ;

Instruction gratuite et obligatoire ;

Système de justice gratuite ;

PAR

## ADOLPHE LAMBERT,

Avoué près le Tribunal de Nancy.

Prix : 15 centimes l'exemplaire ; 10 francs le cent.

NANCY,

Au Bureau du TRAVAILLEUR, passage du Casino, et chez les principaux Libraires de la Meurthe et des départements voisins.

1849.

# PROPAGANDE ET SOUSCRIPTION.

Des républicains dévoués et intelligents , auxquels l'Auteur a communiqué son manuscrit, ont manifesté la pensée d'ouvrir une souscription pour l'impression de cet ouvrage. Leur offre bienveillante n'a pas été acceptée par le citoyen Lambert , par la raison que son parti était pris de faire les sacrifices d'une première édition , sauf à en alléger le poids par la vente d'un certain nombre d'exemplaires ; mais il y donne son assentiment pour une édition spéciale.

En conséquence , il est ouvert une souscription pour une seconde édition de la présente brochure, qui sera répandue gratuitement.

Les citoyens et les comités qui voudront bien s'associer à cette œuvre de propagande sont priés d'adresser , *franco ,* le montant de leur cotisation, soit au bureau du *Travailleur,* passage du Casino , soit au citoyen Lambert, rue des Quatre-Eglises, 69 , à Nancy. Ils voudront bien indiquer en même temps le nom et l'adresse des personnes auxquelles ils désirent faire parvenir la brochure.

La liste des souscripteurs sera donnée en tête de l'ouvrage.

NANCY. — IMP. DE NICOLAS.

# AUX ÉLECTEURS.

Le moment approche où vous allez choisir les mandataires du pays ; une seconde fois vous allez mettre en pratique le suffrage universel, ce droit que vos ennemis vous contestent comme une des mille théories subversives, une des mille erreurs du Gouvernement provisoire, et qu'ils vous enlèveraient sans nul doute si, par votre faute, ils parvenaient à ressaisir le pouvoir, et à réaliser les projets qu'ils colportent déjà sous le manteau ; vous allez faire une seconde expérience de votre souveraineté populaire, vivre de cette grande vie nationale qui, dans sa fécondité salutaire ou funeste, donne à la patrie le bien ou le mal, la vie ou la mort ; vous allez faire acte de citoyens ; songez que vous êtes des hommes.

Un envoyé de la République romaine, Popilius, traçant un cercle autour d'Antiochus, roi de Syrie, dit à ce prince épouvanté : je porte, dans les plis de ma robe, ou la paix ou la guerre ; avant de franchir la barrière étroite que je t'ai imposée, choisis? En tenant vos bulletins, électeurs, vous allez parler le même langage à vos adversaires, à ces réactionnaires, qui travaillent par tous leurs actes à la restauration d'une monarchie quelconque et à l'ajournement aux calendes grecques des réformes et du bien-être promis au peuple.

Ils sont le mensonge, vous êtes la vérité ;
Vous êtes la force, ils sont la faiblesse ;
Vous frémissez d'espoir, ils tremblent de peur ;
Ils combattent pour défendre des ruines qui menacent

1849

de vous écraser, vous luttez pour réunir les matériaux d'un édifice social où vous serez à l'abri.

Le jour du vote, électeurs, pensez à vos pères, pensez à vous, pensez à vos enfants !

La première fois que vous avez choisi des représentants, vous avez assez mal réussi ; ce n'est pas votre faute.

Tout alors semblait conspirer pour vous tromper. Après la révolution de février, on était persuadé que le gouvernement qui remplacerait la royauté, prendrait à cœur les intérêts des masses ; chacun croyait que les citoyens, qui se proposaient de contribuer à la fondation du régime nouveau, s'efforceraient de remédier aux souffrances des classes ouvrières ; l'ancien gouvernement était tombé dans la boue, on présumait que le nouveau s'élèverait dans la gloire ; toutes les classes de citoyens, sans excepter celles qui venaient de perdre leurs privilèges et qui semblaient se résigner de bonne grâce, saluaient l'ère nouvelle comme une régénération des mœurs publiques et comme l'avènement des améliorations sociales.

En un mot, nous croyions que les dissensions politiques disparaissant, il n'y aurait plus en France qu'un seul parti, dont la devise serait : *Faire le bien du peuple.*

Ce fut dans ces circonstances, citoyens, et avec ces dispositions d'esprit qu'eurent lieu les élections. Quand on est plein d'espoir ou d'enthousiasme, on est peu défiant ; aussi les démocrates et surtout les travailleurs des campagnes n'hésitèrent-ils pas à adopter les candidats, *soi-disant bons républicains,* présentés par la bourgeoisie. On leur en garantissait du reste les bonnes intentions ; les notaires les cautionnaient, toutes les belles langues du barreau causaient en leur faveur ; les sociétés d'agriculture patronaient leurs noms en leur donnant pour auréole une petite charrue qui ne fit pas mal d'effet ; il n'y eut pas jusqu'aux curés qui ne mirent la main dans la matière électorale.

Nous le répétons donc, ce n'est pas votre faute, élec-teurs, si les choix que vous avez faits n'ont pas répondu à votre attente.

Vous avez été victimes de la franchise de votre carac-tère, de la bonté de votre cœur ; vous avez cru tous les matadors de vos villages, les beaux messieurs de la ville, tous les personnages dont votre modestie a fait des aristocrates aux petits pieds ; et vous avez été trompés comme un marié candide qui épouse une jolie fille, à la vertu de laquelle il a foi, et qui le lendemain des noces... vous savez ?

Cette fois, vous devez y regarder de plus près, ce nous semble. Vous comptiez sur la diminution des im-pôts, on les a augmentés ; vous espériez la république du bien-être, on vous a fait une république de misère. Cela ne peut pas durer ainsi, et vous le comprenez tous, il faut que l'Assemblée, que vous allez nommer, nous donne la bonne république ; ou si non..... si non, cela ira mal.

Mais il ne suffit pas de vouloir que les choses tournent à bien ; pour réussir, il faut connaître les moyens de succès.

Permettez-nous donc, électeurs, de rechercher avec vous les causes pour lesquelles les révolutions, toujours faites par le peuple, lui ont jusqu'aujourd'hui profité si peu. Cela nous conduira peut-être à la découverte des mesures à prendre pour éviter le retour d'un pa-reil contre-sens et pour faire fructifier en votre faveur, entendez bien, la révolution dont nous courons en ce moment les étapes. N'est-il pas temps, enfin, que ceux qui sèment commencent à récolter pour eux ?

## Pourquoi les révolutions n'ont guère profité au Peuple, et des moyens qu'elles lui profitent.

En 1789, la bourgeoisie, qui s'appelait le tiers-état, réclama la consécration des droits sociaux, qu'elle avait successivement conquis depuis Louis XI, et sa participation dans les droits politiques, dont le roi, la noblesse et le clergé avaient le monopole. Les privilégiés résistèrent; pour triompher d'eux, la bourgeoisie recourut au peuple; celui-ci intervint, et en jetant sur la balance, du côté des droits méconnus, sa force toute-puissante, il imprima un tel mouvement au plateau des droits oppresseurs, que ces derniers furent renversés et anéantis.

Ceci fait, la bourgeoisie, du sein de laquelle étaient sortis les précurseurs et les grands acteurs de la révolution, la bourgeoisie, préparée à un nouvel ordre de choses par les doctrines philosophiques, s'empara du mouvement et inaugura son règne.

Le peuple, lui, manquait d'idées organisatrices. Evincé du pouvoir par la bourgeoisie plus habile, il n'eut d'autre consolation que d'aller se faire tuer sur les champs de bataille de l'Europe, où il s'indemnisait, par la gloire, des droits qu'on ne lui donnait pas.

Une folle tentative de retour vers les prétentions surannées du pouvoir royal produisit la révolution de 1830.

Comme toujours, ce fut le peuple qui la fit. Comme avant, il n'avait encore que la conscience de ses droits; ne sachant comment les organiser, il en confia le soin à la bourgeoisie; il remit en ses mains le trésor de ses libertés, et... il fut volé.

Pour qui furent les profits?

Vous le savez tous, électeurs, il y eut un homme qui se présenta avec un plan arrêté, une charte dans sa po-

che; ses cadres gouvernementaux étaient prêts; il se mit
à l'œuvre, tandis que le peuple se croisait les bras; la
révolution fut escamotée sous sa main, et devint la chose,
la propriété, le patrimoine de Louis-Philippe et de ses
courtisans. De sorte que ceux qui avaient fait les glo-
rieuses journées de Juillet, suivies des honteuses journées d'Août, se partagèrent en deux classes : celle des
audacieux, des francs républicains, qui se promirent
bien de prendre leur revanche et de gagner la partie tôt
ou tard ; puis celle des timides, des libéraux de la Restauration, qui demandèrent pardon à Dieu et aux hommes d'avoir soulevé des pavés dont on fit retomber tout
le poids sur le peuple.

Nous ne vous parlerons pas de la révolution de 1848 ;
elle n'est pas finie, Dieu, merci! Mais nous nous demandons s'il ne ressort pas de l'enseignement des révolutions
passées la preuve évidente, certaine, incontestable, que
ceux qui en ont recueilli les fruits, ne les ont obtenus
que parce qu'ils y étaient préparés. Nous nous demandons s'il ne ressort pas de cet enseignement la preuve
également évidente que le peuple ne profita pas des révolutions, parce qu'il n'entra pas au pouvoir ; qu'il n'entra pas au pouvoir, parce qu'il manquait d'idées gouver-
nementales.

Il ne suffit donc pas d'abattre sous les foudres de l'in-
surrection les mauvais édifices sociaux, il faut en outre
avoir des matériaux prêts pour construire, sur le sol dé-
blayé, un édifice meilleur. Ce n'est pas assez d'avoir le
sentiment de ses besoins, il faut avoir les moyens de
leur donner satisfaction.

Eh bien! ce qui manquait au peuple en 93; ce qu'il
n'avait pas en 1850; ce qui n'était, au 24 Février, que
l'apanage d'un petit nombre de précurseurs, le peuple
le possède maintenant. Ce sont les moyens d'incarner ses

droits dans les institutions ; de faire passer les doctrines dans les faits ; d'émanciper le travail du capital qui l'opprime et de la concurrence qui le tue, c'est la science d'organisation.

Mais si la science d'organisation est la semence qui doit féconder le champ de la politique, il faut, pour son développement, que cette semence salutaire soit répandue, recouverte et soignée par des mains amies. Confiez-la aux aristocrates, ils la jetteront au vent. Remettez-la aux prolétaires, et tenez pour certain qu'ils lui prodigueront les soins que le cultivateur donne à son blé, parce qu'ils seront appelés à cueillir les épis et à ramasser les gerbes.

Que voulons-nous ?

La reprise des affaires ;

L'organisation du travail ;

Le dégrèvement des impôts ;

L'instruction pour tous ;

La justice gratuite.

Or, attendre la reprise des affaires de la part des riches, qui les ont arrêtées dans le but de faire périr la République ; demander aux capitalistes d'émanciper les travailleurs, dont l'exploitation constitue leurs bénéfices ; charger les grands propriétaires de transformer les contributions, pour en supporter le poids ; croire que les jésuites, à tricornes ou en cravates blanches, laisseront décréter l'instruction du peuple, par laquelle leur influence sera détruite, et demander aux hommes de loi la gratuité de la justice qui les fait vivre, c'est comme si l'on demandait à un roi de briser sa couronne, à un enfant de battre sa mère, à un naufragé d'abandonner sa planche de salut.

C'est une absurdité.

Chargez, au contraire, les vignerons d'abolir les droits-réunis, les cultivateurs de diminuer les impôts ; les républicains de décréter l'enseignement; des philanthropes de casser les dents du rateau avec lequel dame justice agraffe vos écus, et vous verrez quelle bonne besogne ils feront tous.

Vous voulez l'abolition de la misère ? adressez-vous à ceux qui souffrent ; envoyez des prolétaires à l'Assemblée législative.

Pleins de foi et de courage, ceux-ci apporteront, pour la confection des lois, l'intelligence des faits, les saintes aspirations toujours vivantes au cœur du peuple.

Ils aideront et soutiendront ceux auxquels une position plus heureuse a donné les loisirs nécessaires pour explorer la politique et approfondir les questions sociales.

Ils représenteront ce qui mérite le plus d'être représenté : la famille pauvre, avec ses privations, avec ses larmes, avec ses désespoirs.

Ils seront les organes du travail dur, mal payé, répugnant, du froid et de la faim ; et ils en parleront, soyez-en sûrs, mieux que les avocats.

Et personne n'appellera plus ardemment qu'eux les remèdes dont le corps social a besoin, parce qu'ils sont les membres qui souffrent le plus.

Si vous êtes bien convaincus que, pour faire vos affaires, il faut des mandataires qui n'aient pas d'intérêts opposés aux vôtres, qui soient placés dans une même position sociale, qui vivent de votre vie, qui souffrent et qui espèrent comme vous, vous êtes sauvés, et la France avec vous.

Si au contraire votre main, durcie par le travail, tope dans la main douce et gantée des fainéants, si la blouse de coton se fait représenter par le plus fin drap, le propriétaire par le capitaliste, le manœuvre par le gros bourgeois, celui-là, vous savez, qui vous vendait le blé à soixante francs l'hectolitre il y a deux ans, — alors que ses greniers étaient pleins et que le pétrin du pauvre était vide, — celui-là qui refuse aujourd'hui de l'ouvrage aux ouvriers, vous serez encore volés, vous serez volés comme dans un bois!

Il y a quelques jours, un richard, haut placé, ma foi! daignait causer politique avec son jardinier. Il n'habillait pas mal la République, comme vous pouvez bien le penser, cette pelée, cette galeuse, d'où provient tout le mal. — Mais, monsieur le comte, lui répondait le jardinier, avec ce bon sens qui caractérise les hommes du peuple, que le gouvernement s'appelle République ou Royauté, que j'aille aux élections avec vous au lieu que vous y alliez tout seul, cela ne fait pas que les maisons délabrées soient en bon état, et cela ne doit pas empêcher ceux qui ont de l'ouvrage à faire d'employer les ouvriers? — Ils ne méritent pas qu'on les emploie. — Mais si tout le monde pensait comme ça, il faudrait donc que les travailleurs mourussent de faim? — Il en crèverait les trois quarts, répartit l'*honnête homme*, qu'il en resterait encore trop.

Et ainsi ils sont presque tous!

Pourquoi?

Parce qu'ils s'inspirent de l'égoïsme et n'agissent que dans leur intérêt.

Si leur intérêt est opposé au vôtre, c'est le vôtre qu'ils sacrifient et non pas le leur.

Permettez-nous de rappeler à l'appui de notre opinion celle de cet excellent représentant, dont vous avez lu les lettres:

« Travailleurs du sol, ne soyez pas dupes; et pour ne
» pas l'être, faites à part vous ce petit raisonnement: Il
» n'y a pas deux moyens de soulager ceux qui souffrent,
» de réduire leurs contributions; il n'y en a qu'un seul,
» c'est d'imposer le revenu, de mesurer le fardeau à la
» largeur des épaules et de reporter sur les gros ce qu'il
» y a de trop sur les petits. Un gouvernement, quel qu'il
» soit, ne vit pas de l'air qui court; il faut qu'il trouve la

» nourriture quelque part. Aujourd'hui, c'est le proprié-
» taire foncier, c'est l'ouvrier des champs, c'est l'ouvrier
» des villes, c'est le petit marchand qui l'hébergent, et
» ils savent que l'ogre ne vit pas de peu ; mais si vous
» retirez au gouvernement l'impôt du sel, l'impôt sur les
» boissons et une partie de l'impôt foncier, il devra né-
» cessairement chercher sa vie ailleurs, parmi les rentiers,
» les capitalistes, les usuriers, les industriels, qui, pour
» cette raison, s'obstinent à ne pas vouloir de la Répu-
» blique, et qui, par conséquent, ont intérêt à tromper
» les électeurs des campagnes. Tant que la chèvre ne
» quitte pas le champ du voisin, ils ne disent rien ;
» mais quand elle s'approche du leur, ils font un bruit
» d'enfer. L'impôt qui ne les touche pas, est un agneau ;
» menace-t-il de trop près, c'est un loup. Pionniers qui
» portez la blouse, les sabots de hêtre et les souliers
» ferrés, défiez-vous des parasites, surtout lorsqu'ils vous
» font des offres séduisantes. Il y a toujours des épines
» cachées sous les fleurs qu'ils vous tendent.

» C'est la chose du monde la plus facile à expliquer.
» Supposez que vous ayez pour vous représenter, dans
» une assemblée politique, un capitaliste riche à 30 ou
» 40 mille livres de rente. Dès qu'il s'agira de diminuer
» l'impôt foncier, d'enlever l'impôt sur les boissons, de
» dégrever complètement le sel, il y a cent à parier con-
» tre un que cet homme se dira : Mais si je rogne les vi-
» vres du gouvernement sur ce point, si j'empêche qu'il
» ne vive aux dépens des pauvres, il faudra bien qu'il
» tende la main aux riches, qu'il impose les capitaux,
» prenne où il y a de quoi prendre. Par conséquent, en
» travaillant pour l'intérêt général, j'attaquerai mon in-
» térêt particulier, et la charité bien entendue ne me le
» permet pas. Allez, les loups plaideront toujours mal la
» cause des moutons. »

1.

Nous croyons même qu'ils les mangent quelquefois.

Voulez-vous être croqués? jetez-vous dans la gueule des loups ;—tenez-vous un peu au bonheur des moutons ? n'introduisez pas de loups dans la bergerie.

Mais ils vont hurler, ils vont hurler, que ça fera trembler !

Qu'importe! ne vous effrayez pas ; quand ils seront las de crier, ils se tairont. Si, au contraire, ils reviennent à pas de chats, jetez-leur tout bonnement la porte au nez; puis, sortant par celle de derrière, allez trouver votre voisin, et concertez-vous avec lui. Il y a plus d'idées sous deux bonnets que dans un seul. On s'éclaire réciproquement ; les idées se greffent les unes sur les autres, et une fois en train , on va, on va.....

Tenez, il me semble vous entendre causer ainsi :

— « Voisin, je souffre beaucoup de l'état actuel des affaires.

— J'en suis autant peiné que toi, mon ami; mais ce sont les capitalistes qui ont tout arrêté en cachant leurs écus. Après la révolution, ils les ont retirés de la caisse des banquiers ou de leurs notaires et des mains de leurs débiteurs ; de là le commerce paralysé, les propriétaires dans la gêne et les débiteurs aux abois; car, point d'argent, pas de travail, rien que misère et douleur !.... Et ils disent qu'ils ne les sortiront pas de leurs coffres-forts tant que la République durera! Que faire donc à cela ?

— Si nous envoyions la République au diable ?

— C'est facile à dire, à exécuter, non.

En effet, si nous essayons de renverser la République, les républicains feront le coup de fusil. Patatra! nous dégringolons de plus belle. Au lieu de n'être dans l'embarras que jusqu'à la cheville, nous nous y enfoncerons jusqu'au col. Il n'y a rien qui fasse sauver la confiance comme les coups de fusil ; et le moyen de ramener cette peureuse, ce n'est pas de brûler de la poudre.

— Ce que tu dis là peut être vrai. J'ajouterai même qu'il y a quelque chose que je serais fâché de voir s'en aller en compagnie de la République qui nous l'a apporté, c'est le suffrage universel. Avec cela, nous sommes autant que les trois ou quatre matadors de notre commune, qui étaient si fiers, sous la monarchie, de se dire électeurs, et qui ne sont pas mal vexés que nous le soyons avec eux. Le suffrage universel nous permet de nous occuper des affaires publiques ; nous en sommes même les maîtres, vu notre nombre ; ne serait-ce pas un peu notre faute si elles vont si mal ?

— Peut-être ; nous nous en occuperons mieux à l'avenir ; mais l'argent ?

— L'argent ne peut pas bouder toujours. Un sac d'écus qui dort dans l'armoire, ne produit rien. Si l'on mange le capital, bonsoir la rente, et la faim vient ; c'est tout comme si l'on mangeait son blé de semence. L'intérêt des possesseurs de fonds n'est donc pas de les laisser improductifs. — Combien n'en connaissons-nous pas, au contraire, qui veulent leur faire trop produire ! — Il suffirait, ce me semble, pour nous sauver, de trouver le moyen que les riches ne puissent plus dire : *Nous cacherons notre argent tant que la République durera.*

— Ils ne parlent ainsi que dans l'espérance que ça ne durera pas longtemps ; mais si nous faisions en sorte que la République durât toujours, ils seraient bien attrapés ; et comme ils ne peuvent pas bouder contre leur estomac, et qu'il faut bien que tôt ou tard ils remettent leur argent en circulation afin d'avoir les rentes qui les font vivre, ils l'y mettraient peut-être tout de suite..... pas vrai ?

— Approuvé, voisin ; mais quelle République ferons-nous ? Est-ce celle des quarante-cinq centimes ou bien une autre ?

— Ce sera une République pour nous ; la République des ouvriers et des paysans, pas grande dame, pas bégueule, mais bonne fille, excellente ménagère, qui soignera le pot-au-feu du pauvre monde ; elle diminuera les impôts ; elle augmentera, par le crédit public, le crédit des particuliers, les affaires, le travail, et par suite, la consommation. Et plus les travailleurs des villes et de nos villages pourront consommer, plus, nous qui produisons, plus nous gagnerons et plus nous serons heureux, nous, nos femmes et nos enfants. »

Une fois que vous en serez venus à cette conviction, électeurs, il ne vous restera plus qu'à trouver les moyens de consolider la République, de la façonner à votre guise, de la faire bonne ; et vous ne voudrez pas vous arrêter en si beau chemin. Ce serait dételer au milieu du sillon, et laisser les récoltes aux champs.

Veillez donc bien sur la République ; ne la laissez point escamoter par les insolents qui médite sa perte. Et savez-vous comment ils veulent user le gouvernement populaire ? En prêchant l'ordre. Les impertinents ! ils prêchent l'ordre, eux qui sèment le désordre en cachant leurs écus, en propageant la misère, en arrêtant le travail ; ils prêchent l'ordre, eux qui ne sont quelque chose que par le désordre, par le bouleversement de toutes les lois de la nature ! mais l'ordre, c'est le Peuple, c'est la République !.... C'est nous qui voulons l'ordre, nous ne voulons que cela. Du reste, cet abus du mot *ordre* est une tactique ancienne pour confisquer les libertés des nations, pour anéantir les républiques au profit du despotisme, pour soumettre la démocratie aux aristocrates. Méfiez-vous des prédicateurs de l'ordre ! Voici ce que disait Montesquieu, un homme qui s'y entendait : « Les

» premiers hommes de l'Etat cherchaient à dégoûter le
» peuple de son pouvoir et à devenir nécessaires, en
» rendant extrêmes les inconvénients du gouvernement
» républicain ; lorsque Auguste fut une fois le maître, la
» politique le fit travailler à rétablir l'*ordre*, pour faire
» sentir le bonheur du gouvernement d'un seul. »

Hypocrisie ! hypocrisie !

Ecartez les escamoteurs ; nommez des hommes du Peuple, des cultivateurs, des ouvriers, des bourgeois laborieux ; faites achever la Révolution par des citoyens intéressés comme vous à la rendre féconde, et elle vous profitera.

Mais si le Peuple n'entre pas à l'Assemblée législative, si vous le laissez à la porte, le Peuple, croyez-moi, ne sera jamais qu'un Lazare, couché sur les degrés d'un palais.

<hr>

# UN PROGRAMME ÉLECTORAL.

Le premier moyen de réussir dans ce que nous voulons, c'est de bien déterminer ce que nous voulons.

Laissons de côté, s'il vous plaît, les grands mots, les théories savantes, les systèmes à perte de vue. Si nous nous engagions là-dedans, les candidats s'y trouveraient comme dans un labyrinthe, où il leur serait facile de nous échapper. Or, nous voulons bien les tenir ; et pour les bien tenir, pour comprendre leurs explications, pour appeler, de leur part, des engagements positifs, limitons notre programme à un petit nombre de questions fort simples.

En cela nous suivrons un principe très-vieux, mais très-bon : *Un tien* vaut mieux que deux *tu l'auras*. Quand on veut remporter son souper en allant à la chasse, n'est-il pas plus certain, mes amis, de courir un lièvre sur le rivage que de lancer ses chiens sur un chevreuil, qui peut les emmener au diable et perdre la chasse au fond des bois ?

On nous reprochera peut-être d'être trop modérés, d'exiger trop peu ; nous nous contenterons de répondre qu'il n'y a que des amis du peuple qui puissent nous promettre ce que nous souhaitons ; et que ceux des représentants qui nous le feront obtenir, sont évidemment de bonne souche et propres à porter d'autres excellents fruits.

Tout candidat qui mettra sa signature au bas du programme suivant, mérite nos sympathies :

1° **Consécration du droit au travail ; — maintien et défense du droit de propriété ;**

2° **Abolition des patentes ;**

3° **Abolition immédiate et absolue de l'impôt sur les boissons ;**

4° **Abolition de la contribution des portes et fenêtres ;**

5° **Suppression de l'impôt foncier ;**

6° **Suppression des octrois ;**

7° **Remplacement de ces deux espèces de charges par un impôt progressif sur le revenu des citoyens ;**

8° **Dispense des contributions pour ceux dont les gains ou les produits n'excèdent pas la somme strictement nécessaire pour subvenir à leur subsistance et à celle de leur famille ;**

9° **Instruction gratuite et obligatoire ;** -

10° **Respect à la religion et à la famille ;**

11° **Justice gratuite.**

Si le nombre des candidats qui seront dans les dispositions que nous désirons, excède le chiffre des représentants à nommer, donnons la préférence aux neuf d'entre eux qui auront le plus de capacités, le plus de dévouement, et qui présenteront le plus de garantie pour le peuple.

Ceci posé, il ne nous reste plus qu'à démontrer l'utilité des mesures que nous réclamons et la possibilité de les mettre en pratique.

## De l'utilité des mesures qui font l'objet du programme précédent et de la possibilité de les mettre à exécution.

### 1° Le droit au travail, et le droit de propriété.

La loi de la création, si sage dans toutes ses dispositions, ne peut se départir à l'égard des hommes de la divine équité qui la dicte. Du moment qu'elle a placé l'espèce humaine sur la terre pour y vivre et pour s'y développer, elle a rendu l'espèce entière usufruitière de la surface du globe, elle a dû mettre et elle a mis à la disposition de tous les hommes, sans exception, les produits destinés à alimenter leur existence.

L'homme a donc le droit de vivre, et de vivre des aliments que la terre produit, à titre de droit naturel, en vertu d'une loi suprème et imprescriptible.

Dans les premiers temps de l'humanité, le droit aux produits du globe s'exerçait par la cueillette des fruits que le sol produisait naturellement, par le pâturage du bétail dont les hommes utilisaient le lait, la laine et la chair, par la chasse et par la pêche.

C'est encore ce qui se passe aujourd'hui chez les peuplades dont la civilisation n'a pas modifié les mœurs primitives.

Mais le développement de l'humanité exige que le sol ne reste pas à l'état inculte. L'homme a reçu des facultés qui ne doivent pas demeurer inactives ; il est de sa destinée non pas de vivre brut des produits de la nature brute, mais de féconder la terre, de l'embellir, d'en multiplier les productions, de tirer de l'industrie et des arts des éléments de richesse, de grandeur, de jouissances capables de satisfaire ses goûts, de développer ses facultés, de répondre à tous ses intérêts. Or, dès que l'homme sort de l'état sauvage, son droit à la terre ne peut plus s'exercer sous sa forme primitive.

Nous voilà donc placés entre le droit incontestable de chaque homme à la jouissance de la terre, et la nécessité de modifier l'exercice de ce droit. Nous sommes en face du propriétaire qui dit : le sol est à moi ; et en face du prolétaire qui s'écrie : je n'ai rien, vous n'êtes pas plus que moi, et j'ai le droit de vivre comme vous.

Qui conciliera les principes et leurs conséquences, les droits et les faits, les choses et les hommes ?

Serait-ce la division de la propriété par lots égaux ?

Non : ce partage, tout en revêtant les apparences de l'équité, n'est qu'une spoliation non seulement à l'égard de ceux qui seraient dépossédés, non seulement sous le rapport du fait, mais à l'égard du droit même, de ce droit primitif que nous reconnaissons ; et pourquoi ? c'est parce qu'en parquant l'individu dans un coin de terre, on le dépouille de son usufruit sur le fonds commun.

Mais ce n'est point là la seule objection à faire à cette utopie.

Mauvaise en principe, elle ne tendrait en fait à rien moins qu'à détruire l'industrie, les arts, la richesse publique, toutes les grandes choses engendrées par les facultés humaines, lorsqu'elles peuvent se développer selon leur aptitude et dans leur spécialité. Puis, est-ce que l'état qui résulterait de ce partage est possible ? L'heure qui le suivrait n'amènerait-elle pas des modifications, soit par la paresse et l'inconduite des possesseurs, soit par l'incapacité ou le décès des hommes ? Est-ce qu'un citoyen, en admettant qu'il puisse vivre avec sa part du sol, pourrait satisfaire à tous les besoins de son existence ? Qui tisserait son linge, qui fabriquerait le drap de ses vêtements, qui confectionnerait les instruments de son travail ?

Le salut nous viendra-t-il des économistes qui se bornent à constater des faits, et ne voient rien au delà de ce qui existe ? oh ! bien moins encore : leur maxime n'est que l'apologie de la force contre la faiblesse, la consécration d'un état d'antagonisme, le maintien d'une lutte horrible, qui ne peut entasser que des victimes, car les vainqueurs d'aujourd'hui peuvent perdre demain la bataille, devant un ennemi dont leur triomphe même grossit sans cesse les rangs dans une effrayante progression.

Qui donc nous sauvera tous, propriétaires et prolétaires ?

C'est la consécration du *droit au travail.*

Il laisse le sol entre les mains de ceux qui le possèdent, mais il donne à ceux qui ne jouissent de rien un équivalent, il assure leur existence.

Nous avons dit que, tant que l'état primitif et naturel n'est pas modifié, le droit de tous à l'usufruit de la terre ne peut s'exercer que par la cueillette, le pâturage, la chasse et la pêche, et pour cela l'homme est obligé d'agir ; son droit n'est donc que le droit aux travaux nécessaires pour se procurer la subsistance.

Eh bien ! qu'une société industrieuse qui a pris possession de la terre et qui enlève à l'homme la faculté d'exercer à l'aventure et en liberté, sur la surface du sol ses quatre droits naturels ; que cette société reconnaisse à l'individu, en compensation de ces droits dont elle le dépouille, le droit au travail : alors, comme l'a dit Victor Considérant, en principe et sauf application convenable, l'individu n'aura plus à se plaindre. En effet, son droit primitif était le droit au travail exercé au sein d'un atelier pauvre, au sein de la nature brute ; son droit actuel sera le même droit exercé dans un atelier mieux pourvu, plus riche, où l'activité individuelle doit être plus productive.

Tant que le propriétaire refusera au prolétaire le droit au travail, il forcera le prolétaire à lui contester son droit de propriété, et le prolétaire aura pour lui la raison et l'équité, car Dieu a fait les hommes égaux ; il n'a pas voulu que quelques-uns fussent privés, au profit des autres, des moyens de soutenir l'existence qu'il leur a donnée.

Si l'on accorde au contraire le droit au travail et si l'on assure au citoyen déshérité autant de moyens de subsistance par l'exercice de ses forces et de ses facultés, que cet exercice eût pu lui en procurer dans l'état primitif, celui-ci n'a plus d'intérêt à contester la propriété. Il l'accepte telle qu'elle est constituée sans en rechercher l'origine ni les phases. Droit pour droit ; de là sécurité pour tous, et garantie du bonheur de chacun dans une solidarité commune.

N'oubliez pas ces principes, électeurs, lorsque vous déposerez vos bulletins dans l'urne électorale. Si vous êtes véritablement persuadés que le travail et la propriété sont solidaires, vous voterez unanimement, travailleurs de l'agriculture et de l'industrie, pour des candidats qui veulent la conciliation des intérêts, et vous aurez une République de bien-être. Si vous croyez ceux qui aiment mieux calomnier une doctrine que de l'étudier, si vous cédez aux conseils perfides de ceux qui animent les propriétaires contre les prolétaires, afin d'empêcher, par la peur et par la division, le gouvernement démocratique d'améliorer le sort des masses à l'aide de sages réformes, de mesures prudentes de crédit, d'organisation et de prévoyance, vous vous jetterez étourdiment dans une lutte, au bout de laquelle sont peut-être la guerre civile et le pillage. Cela vaut la peine que vous y réfléchissiez.

## 2° Des Patentes.

Il y a des citoyens, bien intentionnés et qui ne manquent pas de lumières, qui veulent l'extension des patentes. Je leur demande pardon d'émettre un avis contraire. S'ils entendent qu'il ne doit pas y avoir de préférence entre les professions, dites libérales, et les professions industrielles et commerciales ; s'ils pensent qu'on ne doit pas exempter de la patente certains états qui produisent beaucoup, alors qu'on y soumet des états qui ne rapportent pas seulement de quoi vivre convenablement, ils ont raison, en fait ; mais en principe ils ont tort. Qu'est ce, en effet, que la patente? c'est une sorte de permission de travailler, c'est un prix que met le gouvernement à l'exercice d'une industrie, d'une profession, d'un commerce. Or, nous avons établi, par des arguments sur lesquels il est inutile de revenir, que la nature donne à l'homme le droit de pourvoir à sa subsistance, par l'exercice de ses facultés physiques, intellectuelles et morales. Exiger que l'on paie pour user de ce droit, c'est l'entraver, c'est le restreindre, c'est aller contre la loi naturelle, c'est une flagrante injustice et une monstrueuse iniquité.

Nous demandons donc la suppression des patentes; nous la demandons comme une conséquence du droit au travail.

### 3° De l'impôt sur les boissons.

Essayer de vous démontrer l'iniquité de l'impôt sur les boissons, ce serait prêcher à des convertis et vouloir démontrer la lumière en plein soleil.

Personne n'en veut, et cependant il existe ; étrange anomalie ! d'où provient-elle ? — D'une cause bien simple et qu'il est facile de faire cesser.

Le peuple n'a choisi jusqu'à ce jour ses députés et ses représentants, que parmi les hommes *posés*, c'est-à-dire, parmi les riches et parmi les fonctionnaires publics. Leurs intérêts consistant à ne pas changer l'assiette du budget, de peur qu'on ne reporte sur leurs capitaux les charges mises sur les denrées alimentaires, ou à complaire au gouvernement pour en obtenir des faveurs en échange de votes complaisants, ils se refusent à toute amélioration sociale. Voulez-vous désormais qu'il soit fait selon vos désirs? n'accordez vos suffrages qu'à des candidats qui s'engageront à ne voter l'ensemble du budget, qu'après avoir préalablement obtenu la suppression de l'impôt sur les boissons.

### 4° De l'impôt des portes et fenêtres.

Si un individu vous vendait le cheval de son voisin, que penseriez-vous de lui ? S'il parvenait, à force de roueries, à puiser dans votre bourse pour une opération financière hypothéquée sur les brouillards de la mer, quel serait votre avis ?

Vous diriez tous : c'est un voleur.

Eh bien ! que pensez-vous du gouvernement qui vous vend les rayons du soleil du bon Dieu, et qui soutire vos écus en spéculant sur l'air qui n'appartient à personne et dont l'usage est commun et nécessaire à tous? C'est évidemment..... un gouvernement *honnête et modéré*.

Aux riches, l'air à profusion, les joies du soleil, la salubrité de l'habitation !

Aux pauvres, les fenêtres étroites, le soleil à l'aune, l'air à la mesure, les demeures infectes ! Quelle iniquité !

Est-ce que tous les hommes ne sont pas égaux devant le soleil ?

Est-ce qu'il ne faut pas autant d'air à la poitrine du pauvre qu'à la poitrine du riche ? Est-ce qu'un gouvernement peut faire de la salubrité et de la respiration un privilége ?

Non.

Arrière donc l'impôt des portes et fenêtres.

### 5° De l'impôt foncier.

Est-il juste de faire peser la plus forte des contributions sur la chose qui rapporte le moins, le *sol*, et de ne pas imposer la chose qui produit le plus, le *capital* ?

Non

Est-il équitable que les rentiers jouissent des somptuosités de l'aisance et roulent carrosse, sans être astreints aux charges publiques, tandis que l'état prélève le plus net du revenu des paysans, qui n'obtiennent leurs produits qu'à l'aide de rudes et continuels labeurs ?

Non.

Est-il juste d'imposer la vigne plus que le champ, et le champ du pauvre, qui n'a d'autres ressources que sa récolte, autant que le champ du riche, qui possède d'ailleurs des produits supérieurs à la somme de ses besoins ?

Non.

Voilà pourquoi j'attaque l'impôt foncier; et je l'attaque résolument, non pour le modifier, mais pour le détruire.

De quelque manière qu'on s'y prenne il y aura toujours des inégalités choquantes dans la répartition de cet impôt.

Il en serait de même des contributions qu'on établirait sur les créances. Celles du petit rentier, les épargnes du travailleur ne peuvent être soumises au même droit que les créances des banquiers et des millionnaires. Il y a donc nécessité de s'enquérir, pour asseoir l'impôt, de la situation financière des citoyens, et tant qu'on n'arrivera pas à l'impôt sur le revenu, on ne fera que de l'arbitraire.

Nous proclamons en conséquence que les citoyens ne doivent participer aux charges publiques que dans la proportion de leur fortune ;

Que cette proportion ne peut être établie convenablement qu'en combinant tous les genres de revenus de chaque citoyen ;

Que ceux dont la rente, les produits ou les gains n'excèderont pas les frais de leur subsistance, d'après une base qui sera fixée équitablement, doivent être dispensés de l'impôt ;

Que tous les autres doivent le payer progressivement selon leurs revenus.

### 6° Des octrois.

Les contributions connues sous le nom d'octroi sont les plus lourdes de toutes pour les habitants des villes ; elles frappent surtout d'une manière bien inégale les riches et les pauvres.

Ce genre d'impôts est contraire au premier de tous les droits, au droit de vivre, soit parce qu'il élève pour tous les citoyens le prix des denrées, soit parce qu'il place hors de la portée des travailleurs des aliments nécessaires ou des boissons fortifiantes, dont la privation produit une déperdition de force, occasionne des maladies et abrège quelquefois l'existence.

Le gouvernement provisoire s'était préoccupé de cette grave question. Un décret avait aboli pour Paris les droits

qui existaient sur la viande et sur les vins, et avait mis
à la place un impôt sur les loyers et sur quelques objets
de luxe. Mais ce décret a eu le sort du peu de bonnes
mesures sorties du gouvernement provisoire ; il a été
rapporté par ceux qui ont eu depuis le pouvoir entre les
mains.

Je propose aux communes qui s'entretiennent aujour-
d'hui par les octrois, un moyen beaucoup plus simple
que celui du gouvernement provisoire, et parfaitement
équitable ; c'est d'établir à leur profit particulier des centimes additionnels et progressifs à l'impôt sur le revenu.

### 7° Instruction gratuite et obligatoire.

L'instruction, c'est l'avenir de la démocratie. Sans elle,
le peuple, sujet à l'erreur, aux séductions, aux égare-
ments, forcé de suivre une impulsion étrangère, de voir
par les yeux d'autrui, de penser en sous-ordre, ne jouira
pas de la plénitude de ses droits ; sans elle, toute la puis-
sance, tous les profits, tous les avantages des positions
industrielles, commerciales et administratives resteront
l'apanage des privilégiés.

Au contraire, avec l'instruction gratuite et obligatoire,
le peuple s'émancipera en émancipant son intelligence ;
il prendra place au banquet des honneurs et de la fortune;
chacun pourra faire fructifier les facultés que la nature lui
aura départies, et briller dans la sphère que sa spécialité
lui assignera. Or, quand la richesse et l'élévation du rang
social ne seront plus que la juste rémunération du talent
et des services rendus à la société, quand chacun de nous,
quand chacun de nos enfants pourra librement aspirer à
la richesse et à la gloire, on verra s'éteindre les haines de
serf à maître, de pauvre à riche, d'exploité à exploiteur.
Ce sera le règne raisonnable et vrai de l'égalité et de la
fraternité.

Mais nos réactionnaires n'en veulent pas, de l'instruction gratuite. Ils savent que l'enseignement donne aux hommes qui en sont chargés une influence incalculable sur l'esprit des jeunes générations ; et ils veulent s'en servir pour inoculer à nos enfants leurs idées, leurs opinions politiques, pour faire rétrograder l'humanité vers un état de choses qu'ils regrettent, et dont nous voulons, nous, éviter le retour.

Nous avons donc pour contradicteurs, dans la question de l'instruction gratuite, le clergé, les nobles, les aristocrates.

Si nous n'avions contre nous que les nobles, si la République et les républicains n'étaient attaqués et calomniés que par les aristocrates, nous n'en prendrions guère souci. Mais les prêtres ! cela nous attriste. Un instant, après Février, nous avions cru que la lumière s'était faite à leurs yeux ; que perdant, avec la royauté, tout espoir d'une influence temporelle, ils allaient marcher avec la démocratie ; qu'ils planteraient le drapeau du Christ, le drapeau qui a émancipé les esclaves, à côté de notre drapeau, celui de la fraternité. Il pouvait en résulter un immense bienfait pour l'humanité.

Ils ne l'ont pas voulu !

S'il s'agissait du dogme, si c'était la religion qui fût en cause, nous courberions le front. Respect à la plus sainte de toutes les libertés, à la liberté de conscience ! Jamais, nous ne porterons la main sur l'arche sainte ; jamais nous ne déchirerons le rideau du tabernacle pour en livrer les mystères au mépris ou à la haine des peuples ; jamais nous n'arracherons les feuillets de l'Evangile, pour les jeter au vent ; ce serait sacrilége et folie, puisque nous puisons dans ce livre auguste les premiers principes d'égalité et de fraternité. Mais il s'agit de toute autre chose. Les curés ont l'air de cacher Henry V dans les plis de leur soutane ; ils s'occupent presque tous, sauf de rares et honorables exceptions, à ramasser sur le sol bouleversé par l'ouragan révolutionnaire, les débris épars du passé, les cendres du trône, les instruments de domination pour reconstruire l'édifice d'une présidence monarchique ou d'une royauté dévote. Il est question de savoir si le clergé et l'aristocratie deviendront nos maîtres ; s'ils nous ramèneront insensiblement, au moyen de l'ignorance, vers un temps de barbarie ; si nos enfants seront pour eux taillables et corvéables comme l'ont été nos aïeux.

C'est donc à regret, mais c'est avec une sincérité profonde, qu'en voyant certains prêtres descendre, en tant que prêtres, dans l'arène politique, sur le terrain électoral, nous vous disons, comme une parole de douleur et de vigilance à la fois : électeurs, garde à vous !

Et que notre cri de guerre, — le *seul* que nous voulions pousser contre eux, — soit celui-ci : *Instruction gratuite !*

Nous nous sentons entraînés irrésistiblement à l'examen de deux autres questions qui se rattachent à la précédente : *la liberté d'enseignement, et la position des instituteurs.*

Nous serions bien inconséquents, nous autres démocrates, si, voulant en tout la liberté, nous avions la prétention d'en faire un monopole à notre profit, et de la refuser aux autres.

J'entends que l'enseignement doit être complètement libre.

Jésus disait à ses apôtres, en leur donnant mission de propager le dogme chrétien, la morale religieuse : Allez, instruisez les nations ! L'Etat dit à tous les citoyens, en leur confiant la tâche honorable et difficile du sacerdoce de la science : Allez, instruisez les peuples ! chacun est libre d'ouvrir des maisons d'éducation, chacun est libre d'envoyer ses enfants où bon lui semble de les mettre, chacun est libre aussi de profiter de l'enseignement gratuit donné par l'Etat. De quelque part que viennent les jeunes gens, ils seront bien accueillis ; sous quelques maîtres que les candidats aient fait leurs études, ils seront, sans difficulté, reconnus aptes à concourir. Seulement, n'oubliez point que l'Etat, qui ne vend pas mais qui donne l'instruction, aura son programme d'études, et que les examens auront ce programme pour base. Ainsi, vous tous professeurs, enseignez librement, chez vous, en ville, dans des établissements de quelque genre que ce soit, à quelque prix que ce puisse être ; nous ne vous demandons que trois garanties : capacité, moralité, patriotisme. Mais si vous dirigez vos élèves dans d'autres voies que celles du programme de l'Etat, si vous êtes hostiles à ce programme, si les sujets que vous présentez ne peuvent pas répondre aux questions de ce programme, dont vous aurez eu du reste amplement connaissance, sachez bien que l'Etat ne doit rien à vos élèves, rien à vos réclamations, rien aux plaintes des familles que vous aurez trompées ou qui se seront faites complices de votre opposition. Pourquoi donc voudriez-vous que l'Etat remplît ses administrations d'employés ennemis de l'Etat ? *Nul ne peut servir deux maîtres ;* c'est l'Evangile qui le dit. A d'autres les ambassades, les missions de confiance, les préfectures, les directions, les diplômes, les inspections, les honneurs et les places. *Celui qui n'est pas avec moi,* c'est encore l'Evangile qui parle, *est contre moi.* Le principe de la liberté veut que le gouvernement laisse agir ses ennemis dans la sphère de la pensée, mais il n'exige point qu'on les traite en amis. Si vous désirez que l'Etat songe à l'avenir de vos élèves, de vos enfants, conformez-vous au programme national, ou bien envoyez-les dans les écoles instituées par l'Etat: vous y trouverez le double bénéfice de la gratuité présente et des avantages futurs. C'est la solidarité : j'élève pour rien vos fils, à condition qu'ils me serviront un jour, dit la France. Et quels bons, quels loyaux services le pays pourrait-il attendre d'une génération qu'on aurait élevée dans la haine de ses institutions? *Liberté pour tous, garantie envers la Patrie,* voilà notre devise.

Ce que nous venons de dire s'applique plus spécialement à l'instruction secondaire; quant à l'instruction primaire, elle a besoin, elle aussi, de grandes réformes. Est-elle bonne? est-elle sage? est-elle logique? est-elle complète? que produit-elle? à quoi mène-t-elle? Les maisons où cet enseignement se pratique sont-elles bien organisées? A-t-on mûrement examiné les méthodes qui sont en usage dans ces foyers de la science populaire? Croit-on prudent et sain de mettre par centaine des enfants dans une salle commune? Qu'est-ce encore que cette concurrence des écoles municipales et des écoles tenues par les Frères de la Doctrine chrétienne, des instituteurs et des sœurs, des maîtres privés et des maîtres publics? Est-il digne des colléges, des lycées, établissements qui de toute manière appartiennent à l'instruction secondaire, de recevoir des élèves de six à sept ans, des huitièmes, des neuvièmes, c'est-à-dire des enfants qui lisent à peine? N'est-ce point sacrifier l'existence des maisons privées à de faux calculs? Telles sont les questions auxquelles il faudrait répondre; tels sont les problèmes qu'il faudrait résoudre. Cela viendra peut-être, soit de la part du gouvernement, soit de la part des écrivains honnêtes qui se préoccupent de cette grave matière.

Pour ne pas dépasser les bornes que nous avons mises à ce petit ouvrage, nous dirons ici quelques mots seulement sur le sort des instituteurs primaires. Puisse notre voix retentir assez haut, assez loin, pour qu'on songe à rendre meilleure la position de ces estimables travailleurs! Ils sont laborieux, patients, dévoués; pourquoi faut-il que leur vie soit pauvre, humble, précaire? Cette question montre tout de suite quel est le mal et quel serait le remède, quel est leur sort et quel il devrait être. Les instituteurs n'ont ni dignité, ni bien-être, ni perspective d'avenir. On fait d'eux les valets du curé, les valets du maire, les valets du village. Le maître d'école est le Michel-Morin de la commune. Il faut qu'il soit greffier de la mairie, secrétaire particulier du maire, commis des conseillers, écrivain public, sacristain, chantre, bedeau, sonneur, que sais-je encore! On composerait des pages, des volumes, où les larmes se mèleraient aux rires, si l'on détaillait toutes les vicissitudes par lesquelles passe souvent la journée d'un instituteur. Comme nous n'avons ni le temps, ni la volonté de faire des phrases, nous dirons seulement que la plupart des jeunes gens n'entrent dans cette ingrate carrière que pour échapper à la conscription, et qu'ils en sortent aussitôt qu'une circonstance heureuse leur permet d'acheter un petit terrain, de se refaire paysan pour vivre. Est-ce donc là le sort qui devrait s'attacher à cette phalange nombreuse, à cette légion d'honneur, à ce peuple d'enfants de la lumière, à ces ardents pionniers, qui défrichent dans notre pays les champs incultes de l'intelligence?

Mais, direz-vous, pour donner les premières notions de la lecture, de l'écriture, du calcul et de l'orthographe, nous n'avons pas besoin d'hommes d'un grand mérite; et comme c'est au mérite seul que nous réservons les écus et les honneurs, de quoi se plaignent les maîtres d'école? Vous vous trompez, Messieurs, et les instituteurs sont en droit de se plaindre.

Vous vous trompez ; car, si l'instruction primaire était
bien organisée, les instituteurs devraient enseigner les
mathématiques, la géométrie, la botanique, la chimie,
la physique, la morale, la logique, l'histoire. Or, à des
hommes de cette science, accordez-vous du mérite? Oui,
sans doute. Je sais bien que beaucoup d'instituteurs sont
hors d'état de remplir ce cadre de leçons; mais, à qui la
faute? Leur laissez vous le loisir de s'instruire, le goût de
la science? Pourquoi ne les retenez-vous pas plus longtemps dans les écoles normales? Qui vous empêche de
rendre les examens plus difficiles? Faites subir aux candidats de sérieuses épreuves ; et puis donnez à ceux qui
vont faire de nos enfants des citoyens, des citoyens, en-
tendez-vous, c'est-à-dire des esprits cultivés, des cœurs
élevés, donnez à ces grands professeurs nationaux les
trois choses qui leur manquent : — le bien-être, la dignité, la sécurité. — Le bien-être, en proportionnant
leurs honoraires à leurs peines, en ouvrant devant eux
une perspective où le mérite puisse avancer; la dignité,
en les affranchissant de tout joug honteux, de toute ser-
vitude ridicule, de toute dépendance locale; la sécurité
pour l'avenir, en leur assurant des pensions de retraite (1).

---

(1) Si j'avais un conseil à donner aux instituteurs, tant en faveur de cette importante question de l'enseignement, que dans
leur intérêt, je leur dirais : Que l'un d'entre vous prenne l'ini-
tiative de provoquer à Nancy une réunion générale des délégués
de tous les instituteurs; assemblez-vous préalablement en petits
comités pour nommer vos délégués; et que ceux-ci une fois réu-
nis, choisissent, entre tous, celui qui leur paraîtra le plus capable
d'être représentant du peuple. Je suis convaincu que si chacun
de vous soutenait cette candidature, — tous les démocrates du
département vous appuyant, — et que si votre exemple était
suivi ailleurs, vous rendriez un grand service à la cause sacrée
de l'instruction du peuple.

### 8° La Religion et la Famille.

La Religion complète l'Education. L'une en donnant le sentiment du beau, et l'autre en inspirant le sentiment de la vertu, relèveront les classes infimes, moraliseront les masses, et contribueront puissamment à faire passer dans les mœurs et à incarner dans les faits les idées représentées par cette sublime trilogie : liberté, égalité, fraternité.

Sachez le bien, il y a trois choses qui mènent le monde : la Religion, la Littérature, la Politique. La Religion dirige le cœur ; la Littérature, — et nous y comprenons les arts et les sciences, — conduit l'esprit ; la Politique s'occupe du corps. A la Religion appartient le mouvement des passions, qui deviennent des vices ou des vertus ; à la Littérature, le travail des intelligences, qui créent les lumières ou les ténèbres ; à la Politique le soin des efforts matériels, qui donnent le bien-être ou la misère. Si ces trois forces agissaient de concert, il y aurait bonheur ; quand ces mêmes puissances se font la guerre et veulent dominer, c'est-à-dire entrer sur le domaine de l'une des deux autres, quand elles ne comprennent point qu'elles ne sont rien individuellement, et qu'elles sont tout par la concorde, attendu que les trois parties de l'homme, — le cœur, l'esprit, le corps, — sont indivisibles, quand elles ne sentent point que l'une n'existe pas sans les autres, il y a malheur. La Religion seule, c'est la théocratie ; la Politique seule, c'est la tyrannie ; la Littérature seule, c'est l'aristocratie. Un gouvernement démocratique, pur, complet, social, c'est celui qui prend pour guides la Religion, la Littérature, la Politique.

De ce que je viens de vous exposer en quelques lignes,

vous concevez quel admirable rôle joue la Religion dans
l'Etat, et de quelle importance surtout elle est dans un
gouvernement républicain. Et pourquoi? c'est que pour
être républicain il faut être vertueux ; et, — que les esprits forts se moquent s'ils le veulent de ma simplicité,—
je crois que sans la conviction de l'existence de l'âme et
d'une justice divine pour récompenser ou punir les actions des hommes, il n'y a pas de frein moral pour le
vice, pas de raison d'être pour la vertu. Or, si la Religion
mène le cœur, les passions et les vices, mène ce qui fait
les vertus et les crimes, le bon, le vrai, le juste, les mœurs
des individus et des nations, le salut des hommes et des
peuples ; si la Religion,—l'étymologie de ce mot le dit,—
est la réunion, le lien des âmes, des intérêts, des pensées, des espérances, vous comprenez que sans Religion
il n'y a ni société, ni civilisation, ni gouvernement libre
possible; que sans Religion il n'y a plus que le brigandage
armé des barbares, ou le dévergondage hypocrite des
ambitieux, le despotisme inintelligent de l'épée, ou le
sophisme despotique de la plume : choisissez! Le glaive
a fait bien des victimes, mais la parole en a fait plus
encore.

Donc, respect au sentiment religieux, sous quelque forme qu'il se manifeste, quel que soit le culte qu'il adopte!
Respect surtout à la religion qui a béni la tombe de nos
pères, qui a bercé notre enfance. Respect au dogme
chrétien qui, le jour de la mort du Christ, a mis au tom-
beau le monde ancien pour donner naissance au monde
nouveau, c'est-à-dire à l'affranchissement des esclaves,
des pauvres, des faibles et des femmes, à la liberté pour
tous, à l'égalité pour tous, à la fraternité pour tous.

Nous autres démocrates nous sommes donc religieux.
Ceux qui nous prêtent des sentiments contraires et qui
nous attribuent le projet absurde de renverser les autels,

nous calomnient indignement. Nous sommes des disciples sincères du premier qui est venu dire aux hommes : Vous êtes tous frères, aimez-vous les uns les autres. Nous sommes chrétiens, comme il convient le mieux qu'on le soit, en prenant le sentiment religieux, et non le culte extérieur, pour base de la vertu. Si, nonobstant notre foi, nous combattons certains prêtres, s'il nous arrive souvent d'être en opposition avec des ministres du culte catholique, ce n'est pas, croyez le bien, par une haine injuste, — nous savons parfaitement distinguer les bons, auxquels nous accordons notre estime, des mauvais que nous sommes obligés de contredire, — c'est parce que ceux-ci font à la République, au Socialisme, une guerre acharnée, une guerre de mensonge et de violence. Or, savez-vous pourquoi ces faux prophètes, ces indignes disciples du Christ, ces pharisiens, dont heureusement le nombre est peu considérable, nous livrent dans leur mauvaise foi ces continuels et rudes assauts ? c'est qu'ils s'écartent des voies de leur maître, c'est qu'ils font du christianisme métier et marchandise, c'est qu'ils n'ont conservé de la doctrine primitive que la lettre qui tue, tandis que nous autres nous voulons en garder l'esprit qui vivifie ; c'est qu'ils dénaturent l'Evangile pour en faire sortir le despotisme, et que, nous républicains, nous conservons ce saint livre dans toute son intégrité, sans y rien ajouter, sans en rien retrancher, tel qu'il est, tel que le prolétaire de Nazareth l'a donné à la terre, en disant à la cause du Peuple : Prends l'Evangile, c'est le premier code de la liberté, c'est le *labarum*, le drapeau de la démocratie ; *in hoc signo vinces,* par ce signe tu vaincras !

Electeurs, que vous dirai-je de la famille ? C'est ce qu'il y a au monde de plus sacré. Le sentiment qui nous y rattache, a quelque chose de si naturel, de si irrésistible,

de si saint, qu'il semble inutile de nous expliquer sur ce
sujet. Cependant, nos ennemis nous accusent de vouloir
détruire la famille! En quoi, comment, pourquoi? Ils se
gardent bien de l'indiquer, car ils seraient immédiate-
ment réfutés. Calomnions, se disent-ils, calomnions;
avec ça on détruit l'influence des hommes, on rend les
partis impuissants, on empêche les idées de faire leur
chemin. Eh bien! j'en appelle aux honnêtes gens — non
point à ceux qui se disent tels, mais à ceux que le sont,
— n'est-ce pas une perfidie abominable, une honteuse
lâcheté, une grande ignominie, une œuvre de misérables, que de ramasser dans l'arsenal, dans la lie des plus
ignobles inspirations cette arme déloyale de la calomnie,
pour l'attacher comme un trait empoisonné, comme un
feu grégeois, au flanc des indvidus ou des partis que l'on
veut perdre! J'en appelle aux honêtes gens, j'en appelle
à tout le monde, est-il supposable, est-il possible qu'il
existe sur la terre un parti qui songe à détruire la famille?
N'est-on pas fils, n'est-on pas époux, n'est-on pas père,
avant d'être démocrate, socialiste, républicain? Et quel
est le fils qui laisserait toucher à la vertu de sa mère!
quel est le mari qui voudrait faire de la chaste compagne
de son existence une sorte de femelle commune à tous les
mâles de l'espèce! quel est l'homme qui céderait les char-
mes sans cesse renouvelés de l'amour paternel pour les
courts plaisirs d'une immonde débauche! Est-il un père
qui voudrait s'exposer aux incertitudes de la paternité,
dont le premier effet serait de lui faire repousser l'enfant
qui apporte le baiser du matin, d'arrêter sur ses lèvres
un sourire d'amour, et de tarir dans son cœur les plus
douces joies de la vie!

Qui donc de nos calomniateurs ou de nous respectent
le plus la famille? voyons :

Nous demandons pour vos enfants qu'on généralise les
établissements des salles d'asile, qui donnent la santé au

corps, la force à l'intelligence, la pureté au cœur; est-ce cela détruire la famille?

Nous désirons empêcher, par une meilleure rétribution pour les parents, l'envoi prématuré de leurs enfants dans les manufactures, où l'excès du travail étiole leur santé, où l'immoralité dégrade leur âme; est-ce cela détruire la famille?

Nous voulons, par l'organisation du travail, chasser de la pauvre demeure de l'ouvrier, la misère, qui force l'épouse à maudire sa fécondité, la fille à vendre sa vertu, le père à blasphémer Dieu lorsqu'il rentre au foyer sans ouvrage et sans pain; est-ce cela détruire la famille?

Nous cherchons à créer des épargnes, à réaliser des économies, à fonder des établissements de prévoyance, qui assurent des aliments aux faibles, aux infirmes, aux vieillards; qui empêchent les enfants de regarder comme un malheur la prolongation de l'existence de leurs parents; est-ce cela détruire la famille?

Nous appelons de nos vœux un ordre social où les citoyens entrent dans la vie sans crainte, la traverse sans faim, et la quitte sans malédiction; est-ce cela détruire la famille?

Et tandis que nos doctrines et nos efforts convergent vers l'instruction, la moralisation, le bien-être des familles, qui nous accuse d'y porter atteinte?

Je laisse parler un socialiste :

« Un monde plein d'hypocrisies et de débauches; de
» pudiques libertins, qui se signent au mot de divorce;
» des austères fornicateurs, si passionnés pour la famille
» qu'ils ne perdent aucune occasion d'en commencer de
» tous côtés; d'en semer à droite, à gauche et d'accroître
» celles de leurs voisins; des magistrats sévères qui pous-
» sent le prosélytisme des bonnes doctrines jusqu'à en-
» tretenir des maitresses, rien que pour avoir l'occasion
» de leur enseigner, aussi fréquemment que l'âge et les

» affaires le leur permettent, la fidélité que le mari doit
» à la femme aux termes de la loi civile et religieuse; les
» dévotes, qui se damnent avec leurs amants, unique-
» ment pour ne pas manquer de sujets de mortifications
» pieuses au confessionnal; tous les beaux messieurs qui,
» devenant fort occupés et se faisant vieux, sont devenus
» hermites; et les dames de ces messieurs, principalement
» à partir du jour où elles ont commencé à ébrécher le
» contrat et mis des cornes à leur lune de miel.

» L'abolition de la famille! la promiscuité! la dégrada-
» tion morale de la femme! la bestialité du troupeau à la
» place de la dignité de l'amour! En vérité, malgré ma
» longue habitude de la calomnie de l'idée par l'ignorance
» des uns, par la mauvaise foi calculée et la lâcheté des au-
» tres, quand j'entends adresser à des hommes comme
» nous ces accusations monstrueuses, je ne puis m'empê-
» cher de bondir! Mais misérables menteurs, et vous,
» Béotiens qui nous prêtez des doctrines pareilles, est-
» ce que vous croyez donc que nous ne faisons pas partie
» de l'humanité? Est-ce que nous n'avons pas nos fem-
» mes, nos mères, nos sœurs, nos filles? Est-ce que nous
» sommes des troglodites, étrangers aux plus simples
» sentiments de moralité et de dignité, que l'humanité a
» développés dans son sein, pour que vous osiez nous
» attribuer les infamies qui souillent vos cerveaux, et dé-
» noncer les socialistes comme les ennemis de la pudeur
» et de la famille?

» Il est vrai que cela vous est si commode! — *Nous*
» *protégeons la société contre les affreux ennemis de la*
» *propriété et de la famille! Nous sauvons la famille et*
» *la propriété!* — Quand je pense qu'avec ces mots-là
» vous vous tirez de tout; que c'est avec cela que vous
». vous rassurez vous-mêmes et que vous faites vos petites
» affaires électorales, vos succès de tribune, je comprends
» les motifs qui vous les mettent si souvent à la bouche.

» Allez, ignorants et intrigants, banquistes et saltimban-
» quistes ; continuez à vous servir de vos moyens. Imitez
» vos ancêtres, les païens, qui accusaient aussi les so-
» cialistes du temps, les chrétiens, de manger les enfants
» et de commettre les plus abominables turpitudes dans
» leurs catacombes. Vous voulez empêcher la vérité, la
» liberté, la dignité humaine et le bonheur général de
» passer..... Vos calomnies serviront contre nous comme
» ont servi celles de vos aïeux contre le Christianisme.....
» Arrière donc les satisfaits, les repus, les bedaines
» vertueuses et tous les égoïsmes luxurieux et noyés dans
» la matière ! Arrière les entreteneurs, les libertins hon-
» teux et les libertins effrontés, les adultères affichés et
» les adultères cachés ! Arrière les intrigants de tous les
» calibres ! je vous défends de parler morale et vertu, et
» de calomnier ceux qui valent mieux que vous. »

### 9° De la Justice.

Qu'est-ce que la justice ?

C'est, par l'application des lois, le maintien de l'ordre dans le corps social.

La justice constitue donc *un devoir* pour le gouvernement, *un droit* pour les citoyens.

Une organisation judiciaire établie de telle sorte que le devoir du gouvernement ne serait point accompli envers tous les citoyens, et qu'une partie de ceux-ci ne pourraient pas jouir de leur droit, serait évidemment une organisation incomplète et vicieuse.

Telle est cependant l'organisation de la justice en France.

Il n'est pas difficile de le démontrer: chacun sait qu'on ne procède devant les tribunaux que par des formalités ; que pour remplir ces formalités il faut de l'argent ; donc pour celui qui n'a pas d'argent, pas de justice.

Voilà, ce nous semble, cher lecteur, une conclusion évidente comme le soleil, simple comme bonjour ; eh bien ! écoutez les gens de loi, et ils essaieront de vous démontrer, que la justice se donne pour rien, et que tout est pour le mieux dans leur administration. En effet, n'est-il pas écrit que tous les Français sont égaux devant la loi ? La constitution ne proclame-t-elle point, comme les chartes, ses devancières, que la justice est gratuite en France ? Que voulez-vous de plus ?

Eh ! peu de chose, mes chers amis du Palais, un *sens* à vos mots, la *vérité* dans les déclarations des chartes.

Le législateur a bien réellement écrit au-dessus de la porte de ce que l'on appelle le sanctuaire de la justice : *la justice se rend gratuitement ;* nous reconnaissons cela ; mais à l'exemple des oracles antiques qui avaient placé le temple de Delphe au centre d'une forêt presque inabordable, on a placé notre sanctuaire au fond d'une forêt de Bondi, passez-nous l'image, où l'on nous fait jouer un assez triste rôle vis-à-vis du plaideur qui s'y aventure.

A l'entrée, c'est l'huissier qui lui dit : *La bourse !* s'il n'en a pas, arrière ; s'il a le gousset plein, qu'il passe. Un peu plus loin, l'avoué barre la route : *La bourse !* le plaideur paie, et il avance ; là, dans un coin, voilà quelque chose de noir aussi ; le plaideur veut-il se sauver, il tombe dans l'avocat : *La bourse !* le plaideur paie et il approche ; enfin il arrive au temple ; le sanctuaire s'ouvre ; l'huissier crie silence, l'avoué se lève, l'avocat parle, d'autres hommes noirs marmotent une sentence, et le plaideur perd son procès. Que son bon ange veuille bien alors lui inspirer la salutaire pensée d'en rester là ; mais le malheureux qui sait qu'on fait beaucoup de juges avec des avocats sans cause, c'est-à-dire sans capacité, se persuade facilement que le tribunal s'est trompé, et il veut appeler du jugement.— Passez au greffe, brave homme. —Greffier, mon expédition ?—Plaideur, de l'argent ? —

Encore des huissiers, *de l'argent;* encore des avoués, *de l'argent;* encore des avocats, ce sont les chers, ceux-ci, *de l'argent, beaucoup d'argent, toujours de l'argent.* Il arrive devant la cour, les robes rouges le condamnent, et le voilà ruiné.

Mais s'il gagne?..... Ah! s'il gagne, on lui rend sa monnaie, et ce n'est la faute à personne si elle est un peu usée pour avoir passé entre beaucoup de mains. Plaideur, vous avez donné 50 fr. à l'huissier, 100 à l'avoué, 50 pour les droits d'enregistrement, 200 à l'avocat ; en tout 400 fr. ; or, l'avocat demande 500 fr. d'honoraires supplémentaires, partant, vous redevez encore 20 pièces de cent sous.— Je n'ai plus rien!— Alors on vous quitte, vous pouvez vous en retourner chez vous ; mais gardez dans votre cœur toute la reconnaissance que mérite la façon dont les gens de loi vous ont traité.

Il y en a tant des gens de loi ! Calculons un peu :

1° 8,314 avocats près les tribunaux, qui, compensation faite de ceux qui ne font rien avec ceux qui font trop, de ceux qui gagnent peu avec ceux qui gagnent beaucoup, coûtent chacun 2,456 francs, au total........................................ 20,430,000

2° 4,735 avocats près les cours d'appel. Admettons que moitié n'ont pas d'affaires, qu'un dixième gagne par an 15,000 fr. l'un; un dixième 6,000 fr. ; un dixième 4,000 fr. ; un dixième 5,000 fr. ; un dixième 2,000 fr. ; total...................... 34,620,000

5° 405 avoués d'appel, dont un cinquième à 10,000 fr. l'un ; un cinquième à 8,000 fr.; un cinquième à 6,000 fr.; un cinquième à 4,000 fr. ; un cinquième à 2,000 fr. ; total.......................... 2,430,000

A reporter....... 57,480,000

Report....... 57,480,000

4° 3,024 avoués de première instance, dont un cinquième à 10,000 fr. l'un, et les quatre autres cinquièmes à 6,000, 4,000, 3,000 et 1,500 fr. l'un ; total........... 17,252,500

5° 27 greffiers de cours d'appel à 10,000 fr. (sans le traitement de l'Etat).......... 270,000

6° 584 greffiers de tribunaux civils et de commerce à 6,000 fr. l'un (sans le traitement de l'Etat)....................... 3,486,000

7° 2,847 greffiers de paix à 1,200 fr. l'un   3,416,400

8° 7,899 huissiers à 2,000 fr. l'un, terme moyen entre ceux qui vont à pied et ceux qui vont à cheval..................... 15,798,000

9° Les frais d'enregistrement et timbre, qu'on peut évaluer au quart du produit total du timbre et de l'enregistrement, soit. 51,404,000

10° Service du ministère de la justice, porté au budjet...................... 26,465,535

TOTAL............. 175,530,435

Et l'on appelle cela de la justice gratuite !

Et l'on s'irrite que les républicains demandent des réformes ! Et l'on s'étonne que les socialistes cherchent les moyens de se passer des parasites dont la société pullule ?

175,530,195 francs à payer par la nation, pour une chose qu'on lui doit gratuitement, voilà donc le résultat de l'organisation judiciaire que la monarchie nous a léguée !

En présence de si grands abus, quelle organisation nouvelle élabore-t-on en ce moment à l'Assemblée nationale ? Une réduction de quelque magistrats, 200,000 fr., un million peut-être d'économie et voilà tout ! C'est bien misérable, mais on ne doit pas en être surpris. Elle est si pleine de modérés, cette Assemblée nationale, si pleine de magistrats, si pleine d'avocats, si pleine de privilégiés de toutes sortes !

Ne nous arrêtons pas, électeurs, au projet soumis en ce moment aux délibérations de l'Assemblée constituante. Elle bat si fort de l'aile, cette pauvre Constituante, qu'il est probable qu'elle n'achèvera pas la besogne commencée. Portons ailleurs nos espérances, et avisons ensemble au moyen d'inaugurer une organisation judiciaire, capable de concilier l'intérêt des plaideurs avec une sage répartition de la justice.

Voici un projet, que certaines pensées déjà émises par des précurseurs, et que les inspirations de mon bon ange ont fait germer dans mon cerveau, au milieu d'une de ces nuits agitées, où l'esprit qui se préoccupe des questions politiques, engendre des insomnies d'où jaillissent quelquefois des idées lumineuses.

Puissiez-vous en imposer l'examen à vos candidats ; puissent ceux-ci y recueillir assez de matériaux pour en faire à l'Assemblée législative l'objet d'une proposition. Cela nous conduirait certainement, à l'aide des idées nouvelles qui surgiront d'une discussion publique, à une organisation meilleure que l'organisation actuelle.

Le cadre, forcément rétréci de cette causerie électorale, ne me permet pas d'entrer dans les développements que comporte un sujet aussi vaste, aussi compliqué, que celui de la réforme judiciaire. Votre intelligence suppléera aux considérations que j'omettrai. Je vais me borner au simple exposé de mon plan.

Placer les tribunaux à la portée des justiciables ; supprimer les rouages inutiles ; simplifier les formalités ; réduire le nombre des magistrats, exiger en revanche de ceux qui exerceront beaucoup plus d'aptitude, d'expérience, de travail ; les salarier en conséquence ; diviser les affaires en trois catégories d'après leur importance, leur simplicité et la complication des questions qu'elles soulèvent ; les répartir, suivant cette divison, entre trois espèces de tribunaux ; abolir l'institution des avoués et des avocats, et mettre à la place des défenseurs publics salariés par l'Etat ; abroger le tarif des frais, empêcher que les justiciables obtenant gain de cause soient assujettis à des dépens ; subvenir aux frais de l'organisation nouvelle par le produit d'amendes proportionnées à la valeur du litige, à imposer seulement aux plaideurs qui, par leur mauvaise foi ou l'inexécution de leurs engagements, nécessitent l'intervention des tribunaux, telles sont, en peu de mots, les pensées qui président à mon système.

Au premier degré de l'administration judiciaire je place un tribunal de famille, que j'appelle *Jury communal.* Le jury communal a dans sa juridiction les affaires les plus communes peut-être et les plus nombreuses, mais d'une telle simplicité que le premier venu peut les juger, pour peu qu'il possède une dose de bon sens et qu'il veuille bien employer quelques moments de loisir à l'étude des textes de lois, qui régissent ces sortes de matières.

Je remplace la justice de paix par un tribunal de canton ; j'en étends la compétence, parce que je n'entends pas que des ignorants s'y introduiront, comme du temps des rois, par la porte de l'intrigue et du courtage électoral ; mais bien parce que je propose de les composer d'hommes éprouvés par les études théoriques et par l'expérience des affaires ; j'y adjoins un magistrat pour remplir les fonctions de ministère public ; j'y ajoute en outre un jury, pour juger correctionnellement les contraventions et les délits, et des assesseurs pour prononcer civilement, en certains cas, sur les faits de quelques affaires importantes.

Je répète sur ce dernier point ce que j'ai dit plus haut : quand il ne s'agit que d'apprécier des faits, savoir, par exemple, si un homme a battu sa femme, ou volé son voisin, il n'y a besoin que d'un tribunal composé d'hommes de bon sens. Je vais plus loin et je soutiens par un argument sans réplique, qu'on peut et qu'on doit appliquer le jury en matière correctionnelle, puisqu'on l'applique aux affaires criminelles beaucoup plus graves et plus difficiles. N'est-il pas évident que le juré qui apprécie les circonstances des crimes, et dont la décision peut entraîner les peines les plus graves, telles que les travaux forcés à perpétuité et la mort, peut, à plus forte raison, statuer sur de simples délits dont la punition se borne à l'amende ou à la prison.

Soutenir le contraire, c'est comme si l'on venait vous dire que le berger auquel vous confiez toutes les brebis du village, ne serait pas bon pour garder une chèvre.

En troisième lieu, je propose ce que d'autres ont imaginé avant moi, *un tribunal départemental.*

Enfin je laisse la cour de cassation avec sa juridiction spéciale et régulatrice.

Avec cette nouvelle organisation il n'y aura plus de tribunaux d'arrondissement, plus de cours d'appel. Celles des attributions des tribunaux d'arrondissement, dont la simplicité n'exige pas de défenseurs titrés et des formalités difficiles, — c'est le plus grand nombre, — passeront dans les attributions des tribunaux de canton, qui seront plus à la portée des justiciables et qui procèderont sans l'intermédiaire lent et coûteux des avocats. Les attributions des cours d'appel seront exercées par les tribunaux de département, en augmentant ceux-ci d'une chambre.

Ce n'est pas si difficile qu'on pourrait se l'imaginer. Comment procède-t-on aujourd'hui ? Le plaideur qui est mécontent de la décision d'un tribunal en appelle à la cour ; celle-ci examine l'affaire et en décide en dernier ressort, au nombre de sept conseillers. En d'autres termes, les plaideurs trouvent, au second degré de juridic-

tion, des magistrats plus éloignés des inffuences locales,
et présentant par l'augmentation du nombre, — sept au
lieu de trois, — plus de garantie d'un examen sérieux et
éclairé. Eh bien ! en appelant d'un tribunal à un autre,
et en faisant statuer sur les appels par deux chambres
réunies, c'est-à-dire par sept juges, on a toutes les garanties que présentent les cours : celles-ci deviennent
inutiles, et leur suppression procure à l'Etat une économie considérable.

Voici les détails de mon système, sous une forme à
laquelle ne se soumettraient point des idées vagues ou
irréfléchies, la forme d'un projet de loi :

## PROJET D'ORGANISATION DE LA JUSTICE.

### Jurys communaux.

Article 1er. Il est établi un jury communal dans chaque
commune composée au moins de cinq cents habitants.

Art. 2. Les communes qui n'ont pas cinq cents habitants, font partie de la circonscription judiciaire de celle
des communes la plus voisine, qui se trouve dans les
conditions voulues par l'article premier.

Art. 3. Le jury communal siége au nombre de trois
jurés dont un président.

Il a un greffier.

Art. 4. Lorsqu'il y a plus de trois jurés titulaires dans
une commune, ainsi qu'il va être expliqué, les jurés ne
siégent qu'au nombre de trois, mais ils alternent ou se
répartissent les audiences.

Art. 5. Les jurés sont nommés annuellement à la ma-
jorité des voix, par tous les citoyens âgés de plus de
vingt ans, domiciliés dans le ressort du jury communal.

Art. 6. Dans les villes dont la population est inférieure
à 10,000 habitants, le nombre des jurés est de trois; dans

les villes dont la population est de dix mille et n'excède pas 20,000, le nombre des jurés est de six.

Dans les villes de vingt à trente mille âmes il est de neuf, et ainsi de suite en augmentant de trois par dix mille habitants.

Il y a autant de jurés suppléants qu'il y a de jurés titulaires.

Art. 7. Les jurés suppléants remplacent les jurés titulaires en cas d'empêchement de ces derniers.

Art. 8. Pour être nommé juré il suffit d'être porté sur la liste générale des électeurs domiciliés dans le ressort du jury communal.

## Attributions du Jury communal.

Art. 10. Les attributions du jury communal sont de trois sortes: conciliation ; — jugement en matière civile ; — jugement en matière de police.

## De la Conciliation.

Art. 11. Le jury communal connaît, comme conciliateur de toutes les actions civiles qui doivent être soumises aux autres tribunaux et qui ne seraient point dispensés formellement du préliminaire de conciliation, en vertu d'une disposition législative ou d'une ordonnance émanée d'un juge compétent.

## Du Jugement en matière civile.

Art. 12. Le jury communal juge sans appel jusqu'à la valeur de 50 fr. et à charge d'appel jusqu'à la valeur de 200 fr. :—1. Les actions en paiement des sommes dues en vertu d'une obligation purement personnelle et par titre non contesté; — 2. Les demandes en paiement de rentes ou capitaux, lorsqu'il y a titre et que le titre et le capital ne sont pas contestés; — 3. Les actions en exécution, paiement ou résolution de vente de bestiaux, de fruits et de récoltes, de meubles et d'immeubles ; — 4. Les actions en paiement de loyers ou fermages; celles en validité de saisie-gagerie ; les actions concernant les réparations locatives, le tout lorsque les locations verbales ou par écrit n'excèderont pas 100 fr. par année. — Si le prix principal du bail consiste en denrées ou prestations en nature, appréciables d'après les mercuriales, l'évaluation sera faite sur celles du jour de l'échéance ; dans tous les autres cas, elle aura lieu par expert ; — 5. Les contestations entre hôteliers, aubergistes et logeurs, et les voyageurs ou locataires en garni, pour dépense d'hôtellerie et perte ou avarie d'effets déposés dans l'auberge ou dans l'hôtel. — Entre les voyageurs et les voituriers ou bateliers, pour retards, frais de route et perte ou avarie d'effets accompagnant les voyageurs ; — Entre les voyageurs et les carrossiers ou autres ouvriers, pour fournitures, salaires et réparations faites aux voitures de voyage ; — 6. Entre les cultivateurs et les maréchaux, charrons, selliers et autres fournisseurs d'objets ou d'ouvrages relatifs à la profession des premiers ; — Entre tous les particuliers et les boulangers, épiciers, bouchers, cordonniers, tailleurs et autres fournisseurs d'objets de consommation, de ménage ou d'entretien.

Art. 13. Le jury communal connaît, sans appel, jusqu'à la valeur de 50 fr.. et à charge d'appel jusqu'à 150, des indemnités reclamées par le locataire ou fermier pour non jouissance provenant du fait du propriétaire, lorsque le droit à une indemnité n'est pas contesté.

Art. 14. Il connaît également sans appel jusqu'à la valeur de 50 fr., et à charge d'appel jusqu'à concurrence du taux de la compétence des tribunaux de canton ; 1. des dommages faits aux champs, fruits et récoltes, soit par l'homme, soit par les animaux ; — 2. Des contestations entre les maîtres et les domestiques ; — 3. Des contestations relatives aux engagements respectifs des gens de travail au jour, au mois et à l'année et de ceux qui les emploient ; — 4. Des contestations relatives au paiement des nourrices, sauf ce qui est prescrit par les lois et règlements d'administration publique à l'égard des bureaux de nourrices de la ville de Paris et de toutes les autres villes ; — 5. Des actions pour simples injures, publiques ou non publiques, verbales ou par écrit, autrement que par la voie de la presse ; des mêmes actions pour rixes, voies de fait, quand il n'en est pas résulté une incapacité de travail de plus de dix jours.

Art. 15. Le jury communal connaît en outre à charge d'appel : 1. Des actions en bornage dans les limites de la possession, et lorsque celle-ci n'est pas contestée ; — 2. Des actions relatives à la distance prescrite par la loi, les règlements particuliers et l'usage des lieux, pour les plantations d'arbres ou de haies, lorsque les parties sont d'accord sur les limites de leurs propriétés respectives ; — 3. Des actions relatives aux constructions et travaux énoncés dans l'art. 67 du code civil, accomplis dans l'année, lorsque la propriété ou la mitoyenneté du mur ne sont pas contestées.

Art. 16. Le jury communal décide, à charge d'appel, des rectifications des listes électorales pour les élections municipales.

Art. 17. Il connaît également à charge d'appel des actions possessoires limitées aux cas suivants : déplacements de bornes, usurpations de terre, arbres, haies, fossés et autres clôtures commises dans l'année.

Art. 18. Le jury communal prononce sur les demandes reconventionnelles ou en compensation qui, par leur nature ou leur valeur sont dans les limites de sa compétence.

Art. 19. Si les demandes reconventionnelles ou en compensation, réunies à la demande principale n'excèdent pas le taux de sa juridiction en dernier ressort, il prononce sur le tout sans appel; si elles excèdent ce taux, il ne statue qu'en premier ressort.

Art. 20. Lorsque les demandes reconventionnelles ou en compensation excèdent les limites de sa compétence, il renvoie les parties à se pourvoir devant les juges compétents, sans préliminaire de conciliation.

Art. 21. Lorsque plusieurs demandes formées par la même partie seront réunies dans une même instance, le jury communal ne prononcera qu'en premier ressort, si leur valeur totale s'élève au-dessus du chiffre de sa juridiction en dernier ressort, lors même que quelqu'une de ces demandes serait inférieure à ce chiffre.

Art. 22. Dans le cas où la saisie-gagerie ne peut avoir lieu qu'en vertu d'une permission de justice, cette permission sera accordée par le président du jury communal du lieu où la saisie devra être faite, toutes les fois que les causes rentreront dans sa compétence. — S'il y a opposition de la part des tiers pour des sommes qui, réunies, excèderaient cette compétence, le jugement sera renvoyé au tribunal supérieur. — Le jury communal comprendra dans ses attributions celles des conseils de Prudhommes, dans les communes où il n'y a pas de conseils de Prudhommes.

Art. 23. L'exécution provisoire des jugements du jury communal, sera ordonnée dans tous les cas où il y a titre authentique, promesse reconnue ou condamnation précédente dont il n'y a point eu d'appel. — Dans tous les autres cas, le jury communal pourra ordonner l'exécution provisoire, avec caution, lorsque la somme n'excèdera pas 100 fr. — La caution sera reçue par le jury communal.

Art. 24. S'il y a péril en la demeure, l'exécution provisoire pourra être ordonnée sur la minute du jugement, avec ou sans caution, conformément aux dispositions de l'article précédent.

Art. 25. L'opposition aux jugements par défaut devra être formée dans la huitaine de leur signification, avec assignation en validité pour la plus prochaine audience, à peine de nullité et sans qu'il soit besoin de la faire prononcer. — Les jugements par défaut seront périmés et réputés non avenus si, n'étant pas frappés d'opposition, ils ne sont pas signifiés et suivis de commandement dans les trois mois de leur obtention.

Art. 26. L'appel des jugements du jury communal ne sera pas recevable après 15 jours, à compter de la signification à l'égard des personnes qui seront domiciliées dans le canton. — Celles qui demeurent hors du canton auront, pour interjeter appel, outre le délai de 15 jours, le délai réglé par les articles 73 et 1033 du code de procédure civile.

Art. 27. Ne sera pas recevable, l'appel des jugements mal à propos qualifiés en dernier ressort, ou qui étant en dernier ressort n'auraient point été qualifiés.

Art. 28. L'appelant qui n'aura pas, dans le mois qui suivra l'appel, rempli les formalités nécessaires pour saisir le tribunal supérieur et mettre l'affaire en état de venir à son audience, sera déchu du bénéfice de son appel et il sera passé outre à l'exécution du jugement, sans qu'il soit besoin de faire prononcer la déchéance de l'appel.

Art. 29. Les appositions et levées de scellés seront faites concurremment par les présidents des jurys communaux, assistés de leurs greffiers, ou par les notaires, assistés de témoins.

# DES TRIBUNAUX DE CANTON.

Art. 30. Il y a 26 tribunaux de canton à Paris et un tribunal cantonnal dans chaque canton du territoire de la République ; ce tribunal siége au chef-lieu du canton.

Art. 31. Le tribunal de canton se compose d'un juge, assisté d'un commissaire de la République et d'un greffier.

Art. 32. Le juge prononce seul.

Art. 33. Le commissaire de la République émet son opinion dans toutes les affaires qui intéressent l'Etat, le domaine, les communes, les hospices, les mineurs, les femmes mariées et les interdits. — Il a le droit de prendre la parole et de donner son avis dans toutes les autres affaires, quand il le juge convenable.

Art. 34. Le commissaire de la République est chargé de la poursuite des délits ; il remplit auprès du juge cantonnal, soit que celui-ci agisse comme tribunal, soit qu'il procède comme juge instructeur, l'office que remplit le procureur de la République près les tribunaux de département.

Art. 35. Il concentre entre ses mains la police du canton. Une loi spéciale déterminera sur ce point ses attributions et l'embrigadement des gardes champêtres.

Art. 36. Pour les jugements de certaines affaires civiles déterminées par la loi, il sera adjoint au juge quatre assesseurs qui auront voix délibérative.

Art. 37. Les assesseurs seront choisis annuellement par les électeurs du canton, ils seront rééligibles.

## Attributions des Tribunaux de canton.
### MATIÈRES CIVILES.
*Dernier ressort.*

Art. 38. Les tribunaux de canton connaissent, en dernier ressort : 1. De l'appel dès décisions rendues en premier ressort par les jurys communaux ; — 2. Des demandes en autorisation de vendre sur place les récoltes ou les objets mobiliers saisis ; — 3. De la nomination de notaires pour remplacer les absents.

*Premier ressort.*

Art. 39. Ils connaissent, en premier ressort : 1. De l'homologation des actes de notoriété qui seront désormais dressés par les notaires ; — 2. De l'homologation dès délibérations des conseils de famille, lesquelles auront lieu à l'avenir devant notaire, et sous la présidence de ce dernier magistrat qui aura voix délibérative : — 3. Des actions en nullité de délibération de conseil de famille ; — 4. Des redditions de compte de tutelle, dont les opérations pourront être renvoyées devant notaire, sauf homologation ; — 5. Des demandes en partage ou licitation de biens indivis ; — 6. Des demandes en partage et liquidation de succession et de communauté ; — 7. De la nullité des testaments pour vice de forme ; — 8. De l'ouverture des testaments mystiques et olographes, de leur constatation et de leur dépôt ; — 9. De l'entérinement des testaments lorsqu'ils ne sont pas contestés ; — 10. Des demandes en délivrance de legs, sauf à renvoyer devant le tribunal supérieur, dans le cas où il s'éleverait des contestations autres que pour vice de forme ou réduction des legs à la quotité disponible ; — 11. Des obligations et reddition de compte du mandataire, et des obligations du mandant ; — 12. Des demandes en nullité d'hypothèques, pour défaut de formalités dans l'inscription ; — 13. De la validité de surenchère pour aliénation volontaire ; — 14. Du délaissement d'immeubles hypothéqués ; — 15. Des demandes de titre nouvel ; — 16. Des saisies immobilières et des incidents sur icelles ; — 17. De toutes les ventes judiciaires et de leurs incidents ; — 18. Des distributions par contribution, et 19. Des ordres dont les opérations de détail seront faites par les notaires ; — 20. Des entreprises commises dans l'année, sur les cours d'eau servant à l'irrigation des propriétés et au mouvement des usines et moulins, sans préjudice des attributions de l'autorité administrative dans les cas déterminés par les lois et par les règlements ; — 21. Des dénonciations de nouvel œuvre, complaintes, actions en réintégrantes et autres actions possessoires fondées sur des faits également commis dans l'année, et à l'exception de la catégorie d'actions possessoires soumises à la juridiction des jurys communaux ; — 22. De toutes les actions en bornage qui ne ressortent pas des jurys communaux, et des contestations soulevées dans les instances en bornage, introduites devant lesdits jurys ; — 23. Des actions relatives à la distance prescrite par la loi, les règlements particuliers et l'usage des lieux pour les plantations d'arbres ou de haies ; — 24. Des actions relatives aux constructions et travaux énoncés dans l'article 674 du code civil, lorsque la propriété et la mitoyenneté du mur ne sont pas contestés.

## Dernier ressort ou premier ressort suivant les cas.

Art. 40 Les tribunaux de canton connaissent, sans appel, jusqu'à la valeur de 200 fr., et, à charge d'appel, jusqu'à la valeur de 1,000 fr. : 1. Des demandes en revendication de propriété ; — 2. Des restitutions de fruits ; — 3. Des obligations de l'usufruitier ; — 4. De l'usage et de l'habitation ; — 5. Des demandes en dommages-intérêts pour délits et quasi délits ; — 6. De l'homologation des transactions intéressant des mineurs ; — 7. Des actions purement personnelles et mobilières ; — 8. Des autorisations et demandes en validité de saisie-arrêt ; — 9. Des demandes en mainlevée de saisie-arrêt ; — 10. Des demandes en nullité de saisie-exécution ; — 11. Des oppositions à commandement ; — 12. Des saisies-brandons ; — 13. Des saisies-revendications ; — 14. Des oppositions à des contraintes de l'administration de l'enregistrement et des domaines ; — 15. Des contestations entre les propriétaires et maçons, entrepreneurs, serruriers, menuisiers, plâtriers, charpentiers, peintres, tapissiers et autres, pour constructions, réparations, ouvrages et fournitures.

Art. 41. Les tribunaux de canton connaissent, sans appel, depuis 50 à 200 fr., et, à charge d'appel, jusqu'à 1,000 fr. : 1. Des contestations relatives aux engagements des gens de travail au jour, au mois, à l'année, et de ceux qui les emploient ; des maîtres et des domestiques ou gens de service à gages ; des maîtres et de leurs ouvriers ou apprentis, sans néanmoins qu'il soit dérogé à la juridiction des Prudhommes ; — 2. Des contestations relatives au paiement des nourrices, sauf ce qui est prescrit par les lois et les réglements d'administration publique, à l'égard des bureaux de nourrices de la ville de Paris et de toutes les autres villes ; — 3. Des dommages faits aux champs, fruits et récoltes, soit par l'homme, soit par les animaux.

Art. 42. Les tribunaux de canton connaissent des demandes d'autorisation de femmes mariées. — Lorsqu'il s'agira d'instances ayant pour objet une valeur de 200 fr., l'autorisation sera sans appel ; s'il doit être question d'une valeur supérieure à 200 fr. ou indéterminée, la décision du tribunal sera sujette à l'appel, mais l'appel ne pourra être interjeté qu'avec l'appel du jugement même de l'instance pour laquelle l'autorisation aura été accordée.

Art. 43. Les tribunaux de canton connaissent des demandes en paiement de loyers ou fermages, sans préjudice à celles qui sont du ressort des jurys communaux et des réparations locatives, sans appel jusqu'à 200 fr., et, à charge d'appel, jusqu'à 1,000 fr., quel que soit le montant des baux. — Si le prix du bail consiste en denrées ou prestations en nature, appréciables d'après les mercuriales, l'évaluation sera faite sur celles du jour de l'échéance ; dans tous les autres cas elle aura lieu à la suite d'expertise.

Art. 45. Ils connaissent sans appel jusqu'à la valeur de 200 fr., et, à charge d'appel, à quelque taux que la demande puisse monter, des demandes en paiement de sommes dues par titre, lorsque le titre n'est pas contesté.

Art. 46. Ils jugent sans appel depuis 50 à 400 fr., et, à charge d'appel, à quelque taux que la demande puisse s'élever : 1. Des contestations entre hôteliers, aubergistes et logeurs, et les voyageurs ou locataires en garni pour dépense d'hôtellerie et perte ou avarie d'effets déposés dans l'auberge ou dans l'hôtel ; — 2. Des contestations entre les voyageurs et les voituriers ou bateliers, pour retards, frais de route et perte ou avarie d'effets accompagnant les voyageurs;—3. Entre les voyageurs et les carrossiers ou autres ouvriers, pour fournitures, salaires et réparations faites aux voitures de voyage; — 4 Des contestations entre les cultivateurs et les maréchaux, charrons, selliers et autres fournisseurs et des fabricants d'objets ou d'ouvrages relatifs à la profession des premiers;—5. Des contestations entre tous les citoyens et les boulangers, épiciers, bouchers, cordonniers, tailleurs et autres fournisseurs d'objets de consommation, d'entretien ou de ménage.

## Des cas où les tribunaux jugent avec les assesseurs.

Art. 47. Les tribunaux de canton, assistés des assesseurs ou jurés au civil, connaissent, sauf appel : 1. Des demandes en rectification d'actes de l'état civil; — 2 Des séparations de corps et des séparations de biens; des demandes en réintégration de domicile conjugal; — 3. Des réductions ou restrictions d'hypothèques ;— 4. Des contestations sur les inscriptions, omissions ou rectifications de listes électorales.

Art. 48. Ils jugent en dernier ressort jusqu'à concurrence de 200 fr., et, en premier ressort, depuis 200 jusqu'à 1,000 fr. : 1. Des demandes en pension alimentaire ; — 2. De la révocation des donations pour inexécution des conditions.

Art. 49. Ils connaissent sans appel jusqu'à 200 fr., et sauf appel à quelque taux que la demande puisse s'élever : 1. De la résolution des ventes d'immeubles pour cause seulement de non paiement de prix ; — 2. Des résiliations de baux pour inexécution des conditions, sauf les cas qui rentrent dans la juridiction des jurys communaux ; — 3. Des expropriations pour cause d'utilité publique ; — 4. Des indemnités réclamées par le locataire ou le fermier pour non jouissance, provenant du fait du propriétaire, lorsque le droit à une indemnité n'est pas contesté ; — 5. Des dégradations et pertes dans les cas prévus par les articles 1732 et 1735 du code civil ; — 6. Des contestations entre les citoyens et l'administration de l'enregistrement et des domaines, portant sur la valeur des choses soumises aux droits dont la perception est confiée à cette administration.

Art. 50. Ils connaissent sans appel depuis 200 à 500 fr., et, à charge d'appel à quelque taux que la demande puisse monter, des actions en réparations et dommages-intérêts pour injures, diffamations, calomnies et voies de fait. — Sont exemptées des dispositions du présent article les actions pour injures, diffama-

tions et calomnies ayant eu lieu par la voie de la presse contre
des fonctionnaires publics, à raison de leurs fonctions, lesquelles
seront soumises au jury, avec autorisation de prouver les faits
articulés.

## Dispositions générales.

Art. 51. Lorsqu'il surgira une dénégation d'écriture dans le
cours d'une procédure devant les tribunaux de canton, ceux-ci
ordonneront la vérification et ne statueront qu'en premier ressort, dans le cas même où l'action principale serait de sa compétence en dernier ressort.

Art. 52. Les tribunaux de canton connaissent de toutes les demandes réconventionnelles ou en compensation qui, par leur
nature ou leur valeur sont dans les limites de leur compétence,
alors même que ces demandes réunies à la demande principale
dépasseraient le taux ordinaire de sa compétence.

Art. 53. Ils connaissent, en outre, à quelques sommes qu'elles
puissent monter, des demandes reconventionnelles en dommages-
intérêts fondées exclusivement sur la demande principale elle-
même.

Art. 54. Lorsque chacune des demandes principales, réconventionnelles, ou en compensation, sera dans les limites de la
compétence du tribunal en dernier ressort, il prononcera sans
qu'il y ait lieu à appel.

Si l'une de ces demandes n'est susceptible d'être jugée qu'à
charge d'appel, le tribunal ne prononcera sur toutes qu'en premier ressort.

Art. 55. Lorsque plusieurs demandes formées par la même partie seront réunies dans une même instance, le tribunal ne prononcera qu'à charge d'appel, si leur valeur totale s'élève au-
dessus des limites de sa compétence en dernier ressort.

Il sera incompétent sur le tout, si ces demandes excèdent, par
leur réunion, les limites de sa juridiction.

Art. 56. L'exécution provisoire des jugements sera ordonnée
dans tous les cas où il y a titre authentique, promesse reconnue,
ou condamnation précédente dont il n'y a point eu appel et lorsqu'il s'agira de pension alimentaire.

Art. 57. Dans les cas qui requerront célérité et où le retard
dans l'exécution serait susceptible d'occasionner un préjudice,
le tribunal pourra ordonner l'exécution provisoire nonobstant
opposition ou appel, avec ou sans caution suivant que les parties

au profit desquelles le jugement serait rendu, se trouveraient ou ne se trouveraient point dans un état de solvabilité notoire.

Art. 58. S'il y a péril en la demeure, l'exécution provisoire pourra être ordonnée sur la minute du jugement.

L'opposition aux jugements par défaut rendus par les tribunaux de canton ne sera plus recevable après la huitaine de la signification des jugements, parlant à personne ;

Dans tous les autres cas elle sera recevable jusqu'à ce que le jugement soit réputé passé en force de chose jugée.

Il y a chose jugée quand les meubles saisis ont été vendus ; la saisie des immeubles dénoncée ; lorsqu'à défaut de saisie un procès-verbal de carence a été dressé ; ou quand il résulte de quelques actes quelconques que la mise à exécution des jugements est parvenue à la connaissance des parties condamnées.

Art. 59. L'appel des jugements des tribunaux de canton ne sera pas recevable après quinze jours, à compter de la signification, à l'égard des parties qui seront domiciliées dans le canton.

Celles qui demeurent hors du canton auront pour interjeter appel, outre le délais de quinze jours, les délais de distance réglés par le code de procédure.

Art. 60. Les déclarations de renonciation à succession et communauté ou d'acceptation d'icelle sous bénéfice d'inventaire seront faites au greffe du tribunal du canton où la succession est ouverte, et la communanté dissoute.

### Jury correctionnel.

Art. 61. Le jury correctionnel composé de sept jurés, pris parmi les jurés du canton, présidé par le juge, et siégeant autant de fois qu'il sera nécessaire, connaît des contraventions de simple police et des délits.

------

# TRIBUNAUX DE DEPARTEMENT.

### Composition.

Art. 62. Il est établi par chaque département un tribunal dit : Tribunal de département.

Art. 63. Le tribunal siége au chef-lieu.

Art. 64. Le tribunal du département de la Seine sera composé d'un président, de huit vice-présidents, de vingt-huit juges, d'un procureur du gouvernement et de onze substituts. — Il forme huit chambres. — Il y aura un greffier en chef et seize commis greffiers.

Art. 65. Les tribunaux des départements du Rhône, de la Gironde, des Bouches-du-Rhône, du Bas-Rhin, de la Loire-Inférieure, de la Seine inférieure, de la Haute-Garonne et du Nord, seront composés chacun d'un président, de quatre vice-présidents, de dix juges, d'un procureur du gouvernement et de quatre substituts. Ils formeront quatre chambres et auront un greffier en chef et quatre commis greffiers.

Art. 66. Tous les autres tribunaux de département seront composés d'un président, de deux vice-présidents, de neuf juges, d'un procureur du gouvernement et de trois substituts. — Ils formeront trois chambres. — Ils auront un greffier en chef et trois commis greffiers.

### Attributions.

Art. 67. Les tribunaux de département connaissent de toutes les causes et réunissent toutes les attributions des tribunaux de première instance et des cours d'appel, sauf celles qui sont transférées aux tribunaux de canton et aux jurys en vertu du présent projet de loi.

Art. 68. Les appels des jugements des tribunaux de département se font d'un tribunal à un autre, et sont jugés par deux chambres réunies siégeant au nombre de sept juges.

### Défenseurs.

Art. 69. Il est institué auprès de chaque tribunal de département, un corps de défenseurs, chargés de la procédure des affaires et de présenter à l'audience la défense des parties.

Art. 70. Les défenseurs seront des fonctionnaires publics salariés par l'Etat. Il leur est interdit d'exiger des

honoraires des clients, si ce n'est pour consultations étran-
gères au procès entamés et pour plaidoieries aux assises.

Art. 71. Le tribunal de la Seine aura quarante défenseurs ; les tribunaux du Rhône, de la Gironde, des Bouches-du-Rhône, du Bas-Rhin, de la Loire-Inférieure, de
la Seine-Inférieure, de la Haute-Garonne et du Nord, en
auront douze et chacun des autres tribunaux neuf.

Art. 72. Au moyen de l'institution des défenseurs, celles des
avoués et des avocats sont supprimées.

Art. 73. Les avoués expropriés de leurs offices pour cause
d'utilité publique et ceux des huissiers et des greffiers placés dans
le même cas, seront indemnisés au moyen de centimes additionnels et temporaires ajoutés aux contributions des citoyens dont
la cote est supérieure à 200 francs ; ou avec les produits d'une
taxe de 5 pour 100 à établir sur la valeur des procès pendant
un temps limité aux besoins de la mesure dont s'agit.

## Défenseurs des pauvres.

Art. 74. Il y aura au chef-lieu de chaque cour d'assises un dé-
fenseur des pauvres salarié par l'Etat pour assister les accusés
indigents.

## Cour de cassation.

Art. 75. La cour de cassation est maintenue dans ses
attributions et dans son organisation actuelle, à l'exception de la chambre des requêtes qui est supprimée, et
des avocats qui deviendront des défenseurs salariés par
le gouvernement.

## Conseil d'Etat.

Je ne m'occupe pas du conseil d'Etat. — Une loi ré-
cente l'a réorganisé.

## Inspecteurs judiciaires (1).

Art. 76. Il y a par département un inspecteur judi-

_______________

(1) Dans un premier ouvrage que j'ai publié sur la nomination des magistrats, la justice pour les pauvres et l'abolition du

ciaire dont les fonctions consistent à veiller à ce que les procédures soient accomplies et les procès jugés dans les délais déterminés par la loi ; à constater les infractions commises sur ce point par les magistrats, les défenseurs et les greffiers, et à leur appliquer l'amende que la loi inflige.

Art. 77. Les inspecteurs judiciaires exerceront l'autorité qui leur est donnée, sous forme disciplinaire, paternellement et souverainement.

Art. 78. Dans les cinq premiers jours de chaque mois les greffiers adresseront aux inspecteurs judiciaires copie des rôles, avec indication de la nature des affaires, de la date des assignations, des décisions intervenues ou des motifs de remise.

Art. 79. Les inspecteurs judiciaires feront des tournées dans leur ressort pour faire des vérifications qui porteront non seulement sur les affaires d'audience, mais encore sur celles qui se traitent en dehors; tels que les ordres, les distributions, les enquêtes, etc.

## Procédure.

Art. 80. Le code de procédure sera révisé pour simplifier les formalités, abréger leurs lenteurs, et mettre ses dispositions en harmonie avec les dispositions et le but du présent décret.

Je ne puis ici traiter de la procédure ; c'est tout un code à faire. J'indiquerai seulement certaines idées qui doivent coopérer avec l'organisation que je propose, à la gratuité de la justice. On procèderait devant les jurys communaux par voie d'invitation; — on ne citerait que dans le cas où les parties ne comparaîtraient point sur l'invitation et aux frais de celles qui auraient refusé.

Les défenseurs près les tribunaux de département dresseraient tous les actes de procédure, y compris les citations. Seulement au lieu d'aller les porter, comme le font les huissiers, ils en

---

tarif actuel pour y substituer un tarif de dépens proportionnés à la valeur du litige (6 pour 100) en attendant l'organisation d'une justice gratuite, j'ai proposé un moyen de mettre fin aux lenteurs des procès. Ce moyen se résume dans la création des inspecteurs judiciaires.

constateraient la mention sur des registres, les mettraient à la poste et s'en feraient donner récépissé. Les citations ainsi envoyées seraient confiées aux facteurs qui constateraient, eux aussi, la remise qu'ils auraient effectuée. Tout cela peut se pratiquer facilement à l'aide d'imprimés préparés à l'avance et dans lesquels il n'y aurait que quelques blancs à remplir; on va sans doute beaucoup se récrier contre ce mode tout nouveau de citer en justice, mais je soutiens, quoi qu'on puisse dire, que les défenseurs dresseront mieux les exploits que les huissiers et que les facteurs sont aussi bons que ceux-ci pour présenter un morceau de papier aux citoyens, le remettre à leurs voisins s'il n'y a personne au domicile, ou le déposer chez le maire quand on trouve porte close chez les individus.

Le ministère des huissiers serait donc rarement nécessaire. On ne commencerait pour ainsi dire à y recourir qu'à partir du jugement, mais la prévoyance de l'État ne doit pas aller au-delà. Une fois que la justice est rendue, c'est aux particuliers à faire exécuter les sentences, et les frais qu'il faut faire alors doivent retomber sur les récalcitrants.

Ce que les défenseurs feraient pour les citations devant les tribunaux de département, les greffiers le pratiqueraient pour les citations devant les tribunaux de canton. L'augmentation que j'apporte dans leurs gains leur permettrait d'avoir un commis qui les aiderait à expédier leur besogne.

# BUDGET

## DE LA NOUVELLE ORGANISATION JUDICIAIRE.

1. Administration centrale (personnel et matériel). .   400,000
2. Conseil d'Etat (personnel et matériel). . . . . . .   730,000
3. Cour de cassation (magistrats, défenseurs, greffiers). 1,000,000

### PREMIÈRE CLASSE.

Tribunal de la Seine . . . . . . . . . . . . . . . .   730,500

### DEUXIÈME CLASSE.

Traitement d'un président d'un tribunal
  de deuxième classe . . . . . . . . . . . .   10,000
— des quatre vice-présidents à 7,000 f. l'un   28,000
— de deux juges d'instruction à 6,500 f. l'un   13,000
— de huit autres juges à 6,000 l'un . . . .   48,000
— du procureur du gouvernement . . . .   9,000
— du premier substitut . . . . . . . . .   7,000
— des trois autres substituts à 5,000 fr. l'un   15,000
— du greffier en chef . . . . . . . . . .   5,000
— des quatre commis greffiers, à 2,000 f. l'un   8,000
— frais des expéditionnaires. . . . . . .   1,200
Traitement de douze défenseurs à 4,500 f. l'un   54,000

        Total (1) . . . . . . 198,200 ci   198,200

Il y a 8 tribunaux de 2ᵉ classe ( ceux du Rhône,
de la Gironde, des Bouches-du-Rhône, du Bas-Rhin,

        A reporter. . . . . . . . 3,058,700

---

(1) Le traitement des défenseurs, tel que je le fixe paraît insuf-
fisant en égard aux dépenses d'une famille dans les villes où siégent les tribunaux, et aux frais d'expéditions et de bureau qu'ils
seront obligés de supporter ; mais je fais observer qu'ils pourront
plaider en outre aux assises, donner des consultations et obtenir
ainsi des gains suffisants.

Report. . . . . . . 3,058,700

de la Loire-Inférieure, de la Seine-Inférieure, de la Haute-Garonne et du Nord). — Leur dépense totale à 198,200 fr. l'un, donne. . .. . . . . . . . . . . . . 1,585,600

### TROISIÉME CLASSE.

| | | |
|---|---|---|
| Traitement du président . . . . . . . . . | 6,000 | |
| — des deux vice-présidents . . . . | 10,000 | |
| — des deux juges d'instruction . . | 9,000 | |
| — de sept autres juges à 4,000 l'un. | 28,000 | |
| — du procureur du gouvernement. | 5,000 | |
| — du premier substitut. . . . . . | 4,000 | |
| — du deuxième substitut. . . . . | 3,500 | |
| — du troisième substitut . . . . . | 3,000 | |
| — du greffier en chef . . . . . . | 4,000 | |
| — de trois commis greffiers à 1,500 f. l'un . . . . . . . . . . . | 4,500 | |
| Frais des expéditionnaires. . . . . . . . | 1,000 | |
| Traitement de neuf défenseurs à 3,000 fr. l'un. | 27,000 | |
| Total . . . . . | 105,000 ci | 105,000 |

Il y a 77 tribunaux de 3e classe, la dépense de tous sera donc de . . . . . . . . . . . . . . . . . . . . . . . 8,008,000

Traitement des défenseurs des pauvres près les cours d'assises, 2 à Paris . . . . . . . . . . . . . . 8,000

84 pour les autres départements, à 3,000 fr. l'un . . 252,000

## Tribunaux de canton.

Il y a 2,847 justices de paix, il y aurait donc 2,847 tribunaux de canton, j'en ajoute 13 pour Paris.

### PREMIÈRE CLASSE.

Traitement de 26 juges de canton à Paris, à 5,000 fr. l'un . . . . . . . . . . . . . . . 130,000 ci 130,000

A reporter. . . . . . 13,147,300

|  | Report. . . . . . . | 13,147,300 |

Traitement de 26 commissaires y attachés à
3,000 f. l'un . . . . . . . . . . . . . . . . . . . . 78,000
— de 26 greffiers à 3,500 f. (frais d'expéditions
compris) . . . . . . . . . . . . . . . . . . . . 91,000

Total. . . . . . . 169,000 ci. 169,000

### DEUXIÈME CLASSE.

200 tribunaux de deuxième classe siégeant dans des
localités importantes.

Traitement du juge. . . . . . . . . 3,000
— du commissaire . . . . . . . . . 1,500
— du greffier. . . . . . . . . . . 1,500

Total . . . . 6,000 soit p. 200 1,200,000

### TROISIÈME CLASSE.

Traitement du juge . . . . . . . . 2,000
— du commissaire . . . . . . . . 1,200
— du greffier . . . . . . . . . . 1,200

Total . . . . . 4,400 ci. . . . 4,400

Il y a 2,634 tribunaux de canton de la troisième
classe. Leur dépense est donc de . . . . . . . . . 11,589.000
6. Indemnité aux greffiers des jurys communaux
fixée à 100 fr. pour chacun, soit pour 25,000,
nombre approximatif. . . . . . . . . . . . . . . 2,500,000

### Inspecteurs judiciaires.

7. Traitement et frais de tournées, 5,000 fr. soit pour 86    430,000
8. Frais de justice criminelle et des statistiques . . .    4,131,000
9. Dépenses diverses, secours à d'anciens magistrats.    55,000
10. Dépenses urgentes et imprévues. . . . . . . . .    28,000

Total général du budget de la justice . . . . . 33,253,700

## RÉSULTAT :

L'organisation actuelle coûte aux justiciables
par année. . . . . . . . . . . . . . . . . . . . . 175,530,495
    L'organisation proposée coûterait. . . . . . . . 33,253,700

                        Différence . . . . 142,276,795

Je réalise donc une économie de cent quarante-deux millions deux cent soixante-seize mille sept cent quatre-vingt-quinze francs par année.

Et j'arrive à la justice gratuite dans toute la vérité du mot. Qu'en dites-vous?

Je m'arrête à la démonstration des principales mesures qui doivent faire l'objet du programme électoral. Assez causé pour aujourd'hui ; je vous demande même pardon d'avoir été un peu long sur un sujet aussi aride que celui de l'organisation de la justice ; mais c'était nécessaire. Il fallait surtout me garer, ainsi que vous, de l'objection que les citoyens, dont ce système sacrifie les intérêts particuliers au bien général, n'auraient pas manqué de nous adresser, et qui, sur une simple énonciation, se seraient écriés : c'est impossible.

Une autre fois je vous entretiendrai des partis et des candidats.

www.ingramcontent.com/pod-product-compliance
Ingram Content Group UK Ltd.
Pitfield, Milton Keynes, MK11 3LW, UK
UKHW021451090726
13657UKWH00003B/1330